Life is a Picnic

NEXTWEEKEND

ディスカヴァー

まえがき

「花が咲いたから」
「美味しいコーヒーを淹れたから」

日常にある小さなきっかけを見逃さずに、自分の中から湧き出てくる理由にしたがって、ただそれを楽しむということ。
「やっぱり景色が良い丘に移動しよう」
「せっかくだから、ボードゲームを持っていこう」
少し先の未来がもっと良くなるように、柔軟に考えを変えながらも自分で選択していくということ。

どれも今この瞬間からすぐにできるように見えて、大人になった私たちには案外簡単なことではありません。
沢山の「しなくてはいけないこと」と「こうあるべき」を一生懸命に背負いながら、正しく、より早く、もっと…、と、隙間を埋めていきます。
"ていねいに暮らす"ということや"自分らしく生きる"といった美しい救いの手はあれど、それもどこか遠いもので、「今はそれどころではない」「もう少し落ち着いてから」と考えてしまうこともあるのかもしれません。

だけど、いつ…？
信じて待っていても、誰かが明日を変えてくれる日はやってきません。

壮大なことでなくてもいいのです。大きくは変わらないかもしれない。だけど、1ミリずらして描いた線をどこまでも長く伸ばせば、しまいには大きく角度ができていくように、今日の小さな選択が、少し先の自分の、見える景色を変えてくれるはずです。

走り出したと思えば立ち止まって悩み、時に後ろを向き座り込み、そして沢山の山に囲まれて、自分はなんの山に登りたいのか、登らなければいけないのか、どこまでも高く駆け上がっていく登山者の背中を見ながら、葛藤します。低い場所で彷徨う人を見て、勝ちだとか負けだとか認識したくなる日もあります。

だけど、いざ足元を見てみると、そこには可愛らしい花が咲いていて、腰掛けるのにちょうどよい切り株があって、自分のリュックの中に美味しいサンドイッチが入っていることを思い出せば、音楽をかけてひとときのピクニックが始まるかもしれません。

通りがかりの人と会話を交わし、サンドイッチを分けたお礼に…ともらったクッキーを食べたら、コーヒーがうんと美味しく感じて、コーヒーを持ってきた自分を褒めたくなることだってあるかもしれません。

そこで山に登ることをやめて、いつまでもピクニックをして暮らすということを推奨したいのではありません。

大切なのは、多くの登山者が登るあの山を目指さなければいけない、だとか、追い越されないようにとにかく早く行かなければ…ということに支配されずに、自分の目の前に広がる景色と持っているものを、いつもちゃんと知っているかどうかということです。

"Life is a Picnic" という、「ピクニック思考」

ボロボロになりながらやっとの思いで辿り着いた山頂に待っている景色はなんだと思いますか。それは想像もしなかった圧倒的な世界ではなく、可愛らしい花に囲まれて、ちょうどよい切り株をベンチにして、音楽をかけてピクニックをして楽しむ人たちの姿です。

初めての場所に行く時と帰る時では、行く時のほうが長く感じるのと同じように、人は見えないものを大きく捉えます。その好奇心が、希望やエネルギーになることもありますが、いつまでも見えない何かを見るために、我慢し、自信をなくし、嘆いていてはもったいない。

振り返ると、自分が歩いてきた道はしっかりそこに足跡が残っていて、あの時選んだ小径も、なんの気なしに摘んだ花も、どれも自分が重ねてきた唯一無二の選択なのです。ピクニックをすることで、それらをあらためて眺め、ポケットから出して愛でてみるということができれば、きっとこの先の道のりはもっと楽しくなるはずです。

いつ始まるのか、いつ終わるのかも曖昧で、特段人数やルールに制限はないピクニックは、誰かに許可をもらい効率よく進めるものとは対極にあり、昼寝をしていたかと思えば一緒に笑い合う、とにもかくにも自由な時間です。お菓子を焼くのが上手な人がマフィンを出せば、それを想像していたかのようにコーヒーを美味しく淹れる人がいて、それぞれ誰に求められるでもなく自らが役割を担いながらも集います。

そこに目的があるとしたらたったひとつ、「楽しい時間を過ごすため」ということ。そして本当は、人生の大きな目的も同じはずです。

私たちが日々責任を持って向き合っていることの多くは、その大目的を叶えるための"手段"です。にもかかわらず、時折大目的を忘れて、「そんなことをしている場合じゃない」と楽しむことを軽蔑して、脇目も振らずに走っていきます。

速く走ったその先に待つものは、結局ピクニックのような時間なのに、です。頑張ることは素晴らしくそして美しく、優先順位をつけることも賢くまた優秀で、確かに今はそんなことしている場合じゃない、という時があるのは確かです。

だけど大目的を知らないで向き合う、今日の"しなくてはいけないこと"は自分に重たくのしかかりますが、いつも大目的を知っていれば、それすら楽しく向き合っていくことができるはずです。今いる場所も、今日着ている服も、今日会う人も使う言葉も、サンドイッチを持っていくように、全部自分が選んでいるのだから。

ピクニックという、世界中の子どもまでもが知っているこの単語の中に流れる時間は、私たちにいつでも人生の大目的を思い出させてくれます。

それを胸に、柔軟に変化しながらもその都度自分で選び、その瞬間の持ち物を工夫して組み合わせ、目の前に流れる時間を楽しむという考え方こそが、本書で言う「ピクニック思考」です。この本は、そんな考えのもと"Life is a Picnic"を合言葉に365のアイデアで作り上げました。

本書について

この1冊は、本を閉じた瞬間からピクニック思考を実践していただくために、誰の目の前にでもある日常の素材やキーワードをもとに構成されています。ピクニック思考を叶えるための定義として「季節と自然」「時間と環境」「うれしいアイデア」「おいしくて、楽しいもの」という4つを挙げ、その中にそれぞれ以下のカテゴリーを作りました。

Season & Nature
季節と自然

季節のピクニック
季節の植物
もっと家を好きになる

Time & Environment
時間と環境

朝の時間の過ごし方
日常の延長線にある旅
眠れぬ夜の過ごし方
ひとり時間の楽しみ方

Happy Idea
うれしいアイデア

目の前の景色が変わる言葉
知っていると楽しい思考術
ユーモアと暮らす
すぐにできる切り替えスイッチ
誰かのために準備すること

Delicious & Fun
おいしくて、楽しいもの

作ると楽しい、季節のレシピ
少し先の楽しみを仕込む
定番にしたいおやつ

この全15カテゴリーで1ヶ月分を提案し、それが12ヶ月分詰まっているのがこの1冊です。

季節が巡るというのは、本当にラッキーなことで、いつでも自分の中で新しいテーマを持つことができるし、いつでも少し先の未来を楽しみにできるということでもあります。

季節の楽しみと、そこにある自分なりの工夫を知っている人こそ、きっと"なんだかいつも楽しそうな人"なのだと思います。1日ひとつ。開いたページを楽しんでいただくような気持ちで、新しい季節の訪れとともにこの本をそばにおいていただけたら嬉しいです。

「人生も、ピクニックみたいに自由に作って楽しめばいい」

私が主宰するNEXTWEEKENDというライフスタイルメディアを作って12年目の今、"Life is a Picnic"を合言葉にこの本を制作しました。手にとってくださった皆さまにとっても、これを唱えるだけで忘れていたことが思い出せるような、魔法の合言葉になれば嬉しいです。

村上萌

※なお本書は、これまでNEXTWEEKENDに寄稿いただいたレシピやコラムなども掲載していますが、「私」と書かれているものは、著者である私"村上萌"を指します。

1 January

1

「そうだった…！昨日買った美味しいパンがあるから、あの器に盛ろう」「せっかくだからスープカップも合わせてみよう」と、心の中で会話を繰り広げて、気づけばランチをトレーに乗せて、読みきれないのは分かっていても２冊も本を持って、外の椅子を目掛けて扉を開けてみる。そんなふうに貴重な冬の太陽を楽しみたいのが１月です。もちろん、ピクニックのベストシーズンではないけれど、寒空の下で飲む温かいスープの美味しさは格別。今持っているものに少しの工夫を加えて最大限に楽しもうとすること、そのマインドこそがピクニックなのです。昼休憩のうちに情報チェックをしたい気もしますが、たまにはスマホを物理的に遠い場所に置いてみると、ランチにも読書にも集中できて、不思議とやりたいことが湧き出てくる気がします。

季節のピクニック　　　　　　　　　　　　　　Season & Nature

お昼休憩のピクニック

2 北風に葛湯、白菜のように昔からずっと続く冬の季語を知っていたとしても、自分の中でのオリジナル季語があると、新しい季節の訪れはもっと楽しみになります。たとえば、ポタージュにタートルネックのセーター、芽キャベツに、くすんだ色のマニキュア。"いつものあれ"は重ねるごとに存在が色濃くなります。

3 小さな頃、読書感想文が宿題になることがありましたが、映像のない小説や物語には読み手の数だけ想像の世界が広がります。映像のように直接的でないことは不便でもありますが、これまでの自分の体験や価値観を手繰り寄せながら解釈していくことで、ある種の心の旅をすることができ、ほんの一瞬でも遠いところに行ってきたような気持ちにさせてくれるのです。

季節の植物　　　　　　　　　　　　　　　　　Season & Nature

花のある毎日が習慣になる、水耕栽培

4

Grape Hyacinth
ムスカリ

白や、明るいコバルトブルー、ブドウのような青紫色まで、種類豊富な深みある色を楽しめるムスカリ。花言葉のひとつに「黙っていても通じ合う心」。春になると庭一面に咲いて、それはもう夢の世界の花畑のよう…！

5

Hyacinth
ヒヤシンス

「悲しみを超えた愛」という花言葉も持つヒヤシンスは、切花よりも球根から少しずつ花が開くプロセスを楽しむのがおすすめ。長いこと一緒に暮らした後に「あなた、ピンク色だったのね…！」なんて後から色が判明するのも楽しいポイント。

1
—
January

4-6
／
365

6

生花の良いところは
時間の流れがあること

枯れゆく中で、花を咲かせたり新芽を出したりと、今この瞬間も時間が過ぎていくという当たり前のことを教えてくれます。1月は長く楽しめて、花のある生活を当たり前にしてくれる水耕栽培がおすすめ。ガラス容器に入れて根が伸びていくのも楽しんで。

もっと、家を好きになる　　　　　　　　　　　Season & Nature

毎日過ごす場所のメインテーマを決める

　　自分の好きな空間を作るためには、テーマを決めることが何より
7　大事。言語化せずともセンスや感覚で空間作りができる方もいま
　　すが、無意識にテーマを頭に浮かべているはずです。今過ごして
いる場所を「なんか違うんだよな」と思っているならば、いつからでも遅く
はありません。Pinterestなどでボードを作り、今の部屋で叶えられそうな
理想のイメージを集めていくうちに、だんだんと自分のテーマが言語化でき
てくるはず。「パリのアパルトマンに住むデザイナーの部屋」などと表現し
てみる他、テーマカラーを決めたり、「無垢材が引き立つ、北欧風」などと
メインにする素材からテイストを決めるだけでも十分です。

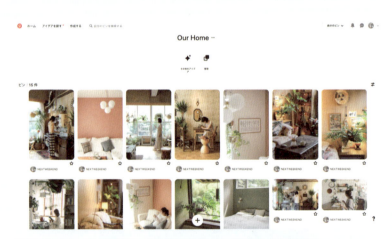

家族やパートナーがいる場合は、共有ボードを作って一緒に入れ合うのも◎。

もっと、家を好きになる　　　　　　　　　　　Season & Nature

8 部屋の印象を変えるには、面積の大きいところをアップデートするのが効果的。一番おすすめなのは壁。ここが変わるだけで引っ越したかのような気分転換になり、家事も在宅ワークも何倍も楽しくなるんです。原状回復できる賃貸用の壁紙なら、初心者でも挑戦しやすい作りになっているものが多数。「賃貸用　剥がせる壁紙」などと検索すると沢山の商品が出てきます。カラー、柄物、コンクリート調、タイル調、など種類も豊富で、のり付けの必要のないシールタイプのもののほか、小さな範囲をデコレーションできる壁用のマスキングテープなども。やや大掛かりに感じるかもしれませんが、見るたびに「やってよかった…！」と自己肯定感すら上げてくれるDIYです。

1 — January

8 / 365

壁全面だと強くなりがちなカラーや柄物は、アクセントクロスとして一部分だけに。「WALPA」の輸入壁紙を、剥がせる壁紙のりで貼りました。ざらりとした風合いがあるものなどは高級感が出ます。

特大マスキングテープで手軽に楽しめる「mt CASA」のウィリアム・モリス柄。キッチンタイルなど、柄合わせの必要がない小さな範囲に特におすすめ。

朝の時間の過ごし方　　　　　　　　　　　　　　　Time & Environment

オーバーナイトなジンジャーシロップ

9　冬の目覚ましほど嫌な音は少ないかもしれません。明るくなって自然に目が覚めるまで待っていられればいいのに、そういうわけにもいかないのが現実。寒くて暗いのに当然のような顔をして1日が始まります。そんな時は、前日から準備できる翌朝の自分への贈り物。ベッドの下に新しいふわふわスリッパを用意しておいたり、ソファメイキングをしたりと、TO DO ではなく、見たくなる景色、したくなることなど、小さな WISH を散りばめておくのです。フレンチトーストなど一晩仕込んでおけるオーバーナイトな朝食もおすすめ。

簡単なのはジンジャーシロップ。夕飯のついでに生姜を薄くスライスして同量程度の砂糖と合わせて放置しておくと水分が出てきます。そこにシナモン、鷹の爪、クローブ、八角など好きなスパイスを入れて、生姜と同量程度の水を入れて弱火で20～30分煮込めば完成。わざわざ漉さなくても、起きてすぐに鍋から直接お玉ですくって、好きな量でお湯割りにすれば、じんわり身体が温まって、「さて動くか」という気持ちになれるはずです。

日常の延長線にある旅

Time & Environment

プリミティブな体験を楽しむ旅

10 デジタル化が進めば進むほど、大自然の中で"何もない"時間を追い求める人が増えている中で、直訳すると「原始的な」を意味するプリミティブ（Primitive）な体験は、これから求められていく旅のキーワードかもしれません。
地熱で温められた砂の中に埋まるという300年以上も前から続く湯治の一種、鹿児島県指宿の砂蒸し風呂もそのひとつです。作られたものを体験するのではなく、そこにあるものを存分に楽しむ体験からは、精神的な自信とは別の、動物的な自信を与えてもらえる気がします。

1
—
January

10
／
365

3億年前の古生代に形成された鍾乳洞を、今ならではの遊び方で翻訳するのも一種のプリミティブ体験。大分にある稲積水中鍾乳洞では、サウナの後に年間通して16度を維持する地下水脈を堪能でき、圧倒的な力に包まれます。

新しいことを始めるための言葉

Happy Idea

1 | January

13 / 365

13
「それ、面白いね！」

誰かが何か意見を出してくれた時に、まずそう言ってみると、お互いにどんどん良いアイデアが出てくるから不思議です。自分のほうがもっと知っていることがあっても、違う意見が言いたくても、まずは相手の考えを尊重することで、自分の考えももっと面白くなるはずです。

日常の延長線にある旅　　　　　　　　　　　Time & Environment

プリミティブな体験を楽しむ旅

10 デジタル化が進めば進むほど、大自然の中で"何もない"時間を追い求める人が増えている中で、直訳すると「原始的な」を意味するプリミティブ（Primitive）な体験は、これから求められていく旅のキーワードかもしれません。
地熱で温められた砂の中に埋まるという300年以上も前から続く湯治の一種、鹿児島県指宿の砂蒸し風呂もそのひとつです。作られたものを体験するのではなく、そこにあるものを存分に楽しむ体験からは、精神的な自信とは別の、動物的な自信を与えてもらえる気がします。

1
—
January

10
／
365

3億年前の古生代に形成された鍾乳洞を、今ならではの遊び方で翻訳するのも一種のプリミティブ体験。大分にある稲積水中鍾乳洞では、サウナの後に年間通して16度を維持する地下水脈を堪能でき、圧倒的な力に包まれます。

眠れぬ夜の過ごし方　　　　　　　　　　　Time & Environment

心地よい眠りのために、
日中から小さな準備をする

11　多くの人が質の良い睡眠を求めて、見るのであれば良い夢を…と願うのに、余韻のままに眠るというのは案外簡単ではありません。それどころか、NEXTWEEKEND で連載していたお悩みコーナーには、眠る前に不安が襲ってきて寝付けないという声もよくいただきます。闇に包まれている夜の時間は、静寂の中に心が吸い込まれて内側に向いてしまいがち。心地よい余韻に浸って眠りにつくために、日中からささやかな準備をしてみませんか。

たとえば…

- ☐ 朝起きたら窓辺に直行して体内時計をリセット
- ☐ 太陽が出ているうちに数十分でも外に出る
  （日中に太陽の光を浴びると、夜間に眠くなるホルモン「メラトニン」の分泌量が増える研究も）
- ☐ 日中に、五感で心地よく思える経験を率先して取り入れる
  （花を愛でる、素敵なものを観るなど、眠る前に身体が思い出せること）
- ☐ 太陽が沈んだら部屋の中の照明を少しずつ絞り、夜になっていくことを身体に意識させる

寝る直前の努力だけでなく、こんなふうに日中から今日の締め方を意識してこそ、心身ともにぐっすり眠れる準備ができるのかもしれません。

1 ― January

11 / 365

ひとり時間の楽しみ方　　　　　　　　　　　　　Time & Environment

まだ見ぬ自分の顔を探しに行く

12　自然の中での発見は尽きませんが、他人との対話の中では、数分前には想像もしていなかった自分に出会えることがあります。ただ、重要なのはそれを自分自身が引き出せるかどうか。「分人主義」という考え方は、中心にたったひとつだけ「本当の自分」があるのではなく、相手や環境に合わせた自分の顔をすべて合わせて「本当の自分」だと捉える考え方です。日々会う人が固定されている場合、まだ出会えていない自分がどこかに隠れているかもしれません。近年、体験型のエンターテインメントが沢山ありますが、「未来に会いに行こう。」をテーマに、70代以上の高齢者アテンドと共に、アクティビティを通して老いを体感する「ダイアログ・ウィズ・タイム」での経験は印象的でした。すでに世界7カ国で開催されていて、出会ったばかりのアテンドと参加者が人生経験を共有しながら対話を進めていきます。「老い」に対する不安や恐怖は、身近な人にほど無意識のうちに隠してしまっているのか、多くの参加者が涙を流しながら高齢者アテンドに向けて今の自分を曝け出す姿は、誰もが子どものようで愛しいものでした。いつもとは違う自分の顔に出会える場所を、積極的に探してみるといいかもしれません。

1 ― January

12 / 365

目の前の景色が変わる言葉

新しいことを始めるための言葉

Happy Idea

1 | January

13 | 365

13
「それ、面白いね！」

誰かが何か意見を出してくれた時に、まずそう言ってみると、お互いにどんどん良いアイデアが出てくるから不思議です。自分のほうがもっと知っていることがあっても、違う意見が言いたくても、まずは相手の考えを尊重することで、自分の考えももっと面白くなるはずです。

14 「勝手に記念日」

「なんでもない日、ばんざい」と毎日思えたら素敵だけれど、謙虚な人ほどばんざいと手を上げることを我慢してしまうこともあるかもしれません。そんな時こそ勝手に記念日。初めての靴をおろした日、新しい言葉を使った日、フリットが上手に揚げられた日、誰に迷惑をかけるわけでもない自分だけの記念日を制定する心があれば、楽しむ視点を忘れずにいられます。

15 「とんだ茶番！」

ボロボロに傷つけられて失恋した友人が、「とんだ茶番だったよ」と泣きながら笑っているのを見て、たくましさとユーモアを感じました。すごくショックだったはずなのに、いつまでも嘆いているのではなくその瞬間からもうその先に続く人生を見ている。チャップリンの名言に「人生は近くで見ると悲劇だが、遠くから見れば喜劇」というものがありますが、すぐに喜劇に変えられるなら、もう怖いものなしです。

知っていると楽しい思考術　　　　　　　　　　　　　　　Happy Idea

1日1はじめて、のすすめ

16

「百聞は一見にしかず」という諺は、なんと約2000年も前の『漢書』に登場した一節なのだそう。誰かが努力してこの言葉を伝えてまわっているわけでもないのに、これだけの時を経てもなお言い伝えられているのであれば、多くの人がことあるごとにそれを実感しながら言い伝えてきたというのがシンプルな理由で、これはもう間違いなく本質なのだと思います（そもそも諺がそういうものだと思いますが）。ただ、私たちが生きるこの大SNS時代は、百聞が、千聞にも万聞にもなっているのがこれまでの時代と違うポイント。世界中の海の砂の粒と同量と言われているほどの情報に囲まれている私たちは、ほとんどのことを「一見」したような気持ちになっているかもしれません。現代人が1日に触れる情報量は江戸時代の1年分、平安時代の一生分とも言われているのだから無理もないでしょう。だけど、「きっとこうだろう」と思っている世界と「こうなっていた」と語れる世界は、まるで違います。

アフリカにキリンを見に行ったり、トルコの上空を飛ぶ気球を見に行くのは簡単には叶わないかもしれませんが、すぐにできるのが"1日1はじめて"のすすめです。はじめてのレンタルキックボード、はじめてのソロサウナ、はじめての色合わせ、はじめて使う言葉…！赤ちゃんじゃなくたって、自分次第で"はじめて"は更新できるのです。自分だけの1日1はじめてを1年間続ければ、365のはじめてに出合えるのだから、夢がある。そしてどんな小さいことでも、こうして「なんだ、できるじゃない…！」を積み重ねていくことが、いざという時に大きな「一見」に挑戦する自信を培ってくれるはずです。

1 — January

16 / 365

変わりたいと思うなら、
その人間性が本質でいい

17 色々な考え方があると思うけれど、"懺悔"というのは必ずしもリセットではなく、これを機に悔い改めることだと思っています。人生はやっぱり、ゲームのようにリセットなんてできないから。誰しもが自分がしてしまって後悔していることや、自分だけが知っている弱みを抱えながら、一生懸命に生きているはずです。だけど、その抱えている過去や弱さが自分の本当の人間性で、それを隠しながら生きているなんて思う必要もありません。後悔して、変わりたいと願っているその気持ちが本当の人間性。気づけたのだからもう大丈夫。きっとその時点から自分の言葉も行動も成長していくはずです。

そしてこの考え方は、自分の弱さだけでなく他人を許すことにもつながります。誰かのしたことが許せなくて、怒りに包まれて、腹が立って…と、怒りがエネルギーになることもありますが、この感情を持ち続けていると怒りに感情が支配されてしまい、時間を無駄にして自分が疲れてしまう要因にも。もう会うこともない他人なら、さっさとこの気持ちを手放してしまうと楽ですが、相手がこれからも一緒に人生を歩みたい大切な人なら、怒りの根本にあるはずの感情をしっかり言語化して伝えてみるのがおすすめです。怒りは二次的な感情なので、その根源には必ず「寂しかった」「悲しかった」「こうしてほしかった」という思いが隠れています。それをちゃんと言葉にできた時、相手がどう捉えて、どう変わろうとしてくれるか。その本質を元にそこからきっとまた新しい関係が紡げるはずです。

アップデートの先にあるもの

18 やりたいことも、やらなくちゃいけないことも、ぼんやりとして見えづらい…、そんな時は"アップデート"。スマートフォンになる前の携帯電話を使っていた世代からすると、この機能は衝撃でした。それは「え…、後から改善してくれるの？」ということ。今では当然のように、ソフトウェアが随時アップデートされていきますが、要するに、作り終わった時点での「完成」は明日には完成ではなくなっていて、日々改善を重ねていけるということなのです。たとえ出荷時だとしても未完成であるということが前提で、あくまでも修理ではなく、改善の繰り返し。初めてスマートフォンを手にした時、機械というよりは、これからを共に生きる相棒のような気がしたのはそのせいだったのかもしれません。人間だって1年前の自分が見つけたベストが、今のベストではなくなっているにもかかわらず、向き合うことをせず惰性で続けていることは沢山あるはずです。付き合う相手、職場、住まい、持ち物、ようやく導き出したと思っている自分の意見だって、もちろん変わりゆくもの。「目の前のことを、常に疑問に思え」という強烈な言葉は、つまるところ思考をアップデートしろ、ということなのかもしれません。WISH LIST や TO DO LIST が描けなかったとしても、まずは日常の中にある小さな違和感にしっかり向き合ってアップデート。「今の生活がもっと良くなるためには？」と、改善後の姿を思い浮かべなければ現実とのギャップに気づくこともできません。"ひとまず仮で…"と取り付けて数ヶ月経ってしまった照明を取り替える、そんなことから始めてみてもいいかもしれません。違和感に気づければ、そこには必ず小さな改善案と、その先にあるはずの理想の景色が見つかるはずです。

ユーモアと暮らす　　　　　　　　　　　　　　　　　　　　　Happy Idea

期待とユーモア

19　何かひとつのゴールを目指すのではなく、季節や天候、集まったメンバー、その日の持ち物、あらゆる条件を大切にしつつも、それに固執することなく、変わりゆくことも柔軟に受け入れながら楽しい時間を作っていこうとすること。ピクニック思考を語る上で切り離せない要素のひとつに、ユーモアがあります。

私の父は彼が40歳、私が8歳、弟が3歳の時に地元のジャズバーのマスターを突然やめ、5万円だけ持って上海に行きました。「挑戦したいことがある、これから中国が来る気がする」と言う彼に、母は「失敗したら美味しいラーメン屋さんができるように準備しておくね！」と言って送り出しました。父が上海で起業しあれから30年が経ちますが、あの時の母の発言は精一杯の期待を優しいユーモアで包んでいたのだと感じます。

生きている限り、やっぱりどうしたってうまくいかないということはあります。だけど、それは行き止まりじゃない。ピクニックでゲリラ豪雨に降られて、急いであずまやの下に走って雨宿りしながら、本当は寝転がって食べるのを楽しみにしていた苺を立って食べたって、それは失敗ではないのです。「こんなのも楽しいね。温かいココアも持ってきたよ」と言えれば、唯一無二の思い出になりえます。私たちは日々様々な理想を追い求め、自分に期待し、知らずのうちに周囲からのプレッシャーも背負い、行く道を細くしてしまいがちです。でも、結局はどの道もつながっていて、違うとしたら見える景色だけなのです。期待をすることは悪いことではないけれど、たったひとつの向かう先に期待するのではなく、進んでいく自分自身に期待をすることができれば、どんな景色もユーモラスに楽しめるかもしれません。

1
—
January

19
／
365

すぐにできる、切り替えスイッチ　　　　　　　　　　　　Happy Idea

今日の思考を愛でるために

1 — January

20 / 365

20「香りで ムードを変える」

気持ちを理由にばかりしてはいけないと分かっていても、「何かしっくりこない」というのは動けない大きな要因。そんな時に、自分のムードをじわじわ変えてくれるのが香りの力。雨があがって青空がのぞく喜びのように、部屋全体の空気をガラリと変えてくれる、お気に入りの香りに出会えれば人生にとって大きな財産となるはずです。リビングには APOTHEKE FRAGRANCE の WHITE TEA、眠る部屋には STUDIO THE BLUE BOY の EARTH TONES などとお香を使い分けて、シーンごとに気持ちを作るのもおすすめです。

すぐにできる、切り替えスイッチ

Happy Idea

1 — January

21 「 3分間、目を瞑る 」

心の中がざわざわしている時にスマホを見ると、情報で余計に心が掻き乱されてしまうことがあります。そんな時はたった3分でいいので、目を瞑ってみるのがおすすめ。長いようで短く、短いようで長い時間。普段、どれだけ思考の途中で手を動かし情報を調べ、そしてその情報によって思考を遮断されているかに気づかされます。

22 「 音楽を変える 」

がっかりするようなことが起きた時に、あえて音楽を流してみるとなんだか映画の主人公のような気持ちになって、街を歩いていても、きっとこの後良いことが起きるな、なんて前向きになれるから不思議。無音の中で落ち込まずに、音楽をかける余裕を持ってみるのが◎。

21-22 / 365

誰かのために準備すること　　　　　　　　　Happy Idea

贈り物を定番行事に組み込んでみる

23 日本では「お中元」や「お歳暮」に加えて、「お年賀」というギフトがあります。近年は年始の挨拶回りに使われていますが、古くは新年のあいさつに神棚や仏壇に供えるためのものだったようです。

我が家のお年賀準備は、年末年始の定番行事の中に組み込まれています。年の瀬に吉祥寺に繰り出して、深大寺で年越しそばを食べ、井の頭公園に続く細い道を散歩しながらホットワインやコーヒーを楽しみ、お正月の間しばらく買い物に出なくて済むように、おせちの材料やおでんの練り物をたっぷりと買い込んだら、最後はお年賀にするために、「小ざさ」に最中を買いに行きます。この和菓子屋は、1951年創業のたった1坪の和菓子屋さんですが、50年以上行列が絶えません。高級なものや伝統的なものを贈らなければ、と思うとキリがありませんが、パーソナルなエピソード付きなら唯一無二です。

焦って準備をすると何を贈るべきかと悩んでしまいますが、約束をしている方や会いたい方の顔を思い浮かべながら準備ができれば、定番行事の一環としてその期間をまるごと楽しむことができます。

1 | January

作ると楽しい、季節のレシピ　　　　　　　　　　Delicious & Fun

ごちそうが続いた後は、身体を癒す一皿を

1 ― January

24 / 365

24

和食屋さんみたいな、からすみそば

材料さえ揃えればすぐできる、無限おつまみ！
お酒を片手に小盛りのそばを、小料理屋さん気分でどうぞ。

材料（2人分）
・そば…1人前
・からすみパウダー
　…50g〜
・塩…適量
・醤油…適量
・太白ごま油…小さじ1

1. 湯を沸かし、そばを茹でる。
2. そばを水で締めて水気をよく切り、ボウルに入れて、からすみの半分を和えた後、味見をして塩・醤油で味を整える。最後にごま油を入れてよく和える。
3. 皿に盛り、残りのからすみをたっぷりかければ完成。

Recipe by Ayaka Mitsutoshi

作ると楽しい、季節のレシピ　　　　　　　　　　　　　Delicious & Fun

25

1 | January

みかんの皮の参鶏湯風お粥

みかんの皮で作る自家製陳皮がいいアクセントに！
年末年始のごちそう続きで胃が疲れた時にぜひ。

25 / 365

材料（2人分）

- みかんの皮…1個分
- にんにく…2片
- 生姜…1片
- 長ねぎ…1本分
- 水…600ml
- ごま油…適量

【A】
- 手羽元…4本
- 米…100g
- 昆布…1枚
- 黒胡椒（粒）…10粒
- 塩…小さじ1/2
- 日本酒…大さじ1

1. みかんの皮をぬるま湯で洗い、半日ほど天日干しにする（100℃前後のオーブンに30分ほどかけてもOK）。乾かしたら、飾り用に一部を千切りにする。その他は適当な大きさに切る。
2. にんにくの皮を剥き、包丁の腹で潰す。生姜は皮付きのまま薄切りにする。長ねぎの白いところは白髪ねぎにし、青い部分は鍋に入る適当な大きさに切る。
3. 鍋にみかんの皮（飾り用以外）、水500ml、にんにく、生姜、長ねぎの青い部分、**A**を入れて20分ほど煮込む。水100mlを追加し、沸騰したら塩（分量外）で味を整える。
4. 長ねぎの青い部分とみかんの皮、生姜、昆布を取り出してから、器に盛る。白髪ねぎと飾り用のみかんの皮を散らし、ごま油を垂らして完成。

Recipe by Chisato Maruyama

作ると楽しい、季節のレシピ　　　　　　　　　　　Delicious & Fun

26

1 | January

26 / 365

身体が芯から温まる、手羽元と根菜の酒粕スープ

酒粕と生姜のたっぷり入った、寒い時期にぴったりのスープ。
お好みでゆずの皮や七味をかけても美味しいです。

材料（4人分）
- 手羽元…8本
- かぶ…3個
- れんこん…200g
- ごぼう…80g
- 生姜…一片
- 水…1000ml
- 塩…小さじ1
- 酒…大さじ2
- 白味噌…大さじ3
- 酒粕…大さじ2

1. 手羽元の余分な皮を取り、骨の間に切り込みを入れ、流水で汚れを取る。
2. かぶは4等分、れんこんは1cm幅の輪切り、ごぼうは斜め薄切り、生姜を薄切りにする。
3. 鍋に①と水を入れて火にかけ、沸騰したら、塩、酒、生姜を加えて弱火で15分ほど煮る。途中アクを取る。
4. かぶ、れんこん、ごぼうを加えてさらに15分ほど煮る。水分が減ったら水を足す。
5. 白味噌、酒粕をよく溶かしながら加えて5分ほど煮て完成。

Recipe by Mayuko Suzuki

少し先の楽しみを仕込む　　　　　　　　　　Delicious & Fun

美しくなるための、秘密のお酒

1 | January

27-28 / 365

なつめとクコの実酒

身体と心の疲れを回復する効果があると言われているなつめ。肝と腎に働きかけて、美肌にも嬉しいクコの実。このふたつが合わさったこっくり濃厚な薬膳酒は、寝る前の一杯にも。

材料

- 完熟なつめ（ドライ）…200g
- クコの実（ドライ）…200g
- 氷砂糖…80g
- 35度以上のお酒…適量

1. 清潔な保存瓶に、なつめ、クコの実、氷砂糖を交互に入れる。
2. ①が隠れるくらいのお酒を入れる。
3. 半年以上おいたら完成。
   （1年以上おくのがおすすめ）

美しくなりたい、プルーン酒

女性に必要な様々な栄養がバランスよく含まれていて、"ミラクルフルーツ"と言われるプルーン。甘酸っぱくて爽やかで色鮮やかなお酒です。

材料

- プルーン…500g
- 氷砂糖…100g
- 35度以上のお酒…適量

1. 清潔な保存瓶に、プルーンと氷砂糖を交互に入れる。
2. ①が隠れるくらいのお酒を入れる。
3. 半年以上おいたら完成。（1年以上おくのがおすすめ）

Recipe by Kazuu

定番にしたいおやつ　　　　　　　　　　　　　　　Delicious & Fun

「せっかくなら」の、アレンジおやつ

1 — January

29

黒豆コーヒー大福

お正月の定番料理、黒豆で作りたいおやつ。
コーヒーとの相性も抜群なのです。

材料（6つ分）
- 白玉粉…100g
- 砂糖…40g
- コーヒー…130g
- 黒豆…30g
- あんこ…240g程度
- 片栗粉…適量

1. 耐熱ボウルに白玉粉、砂糖、コーヒーを入れてよく混ぜる。
2. ①にラップをかけ、500〜600wのレンジに3分かけた後ゴムベラで混ぜる。お餅のように柔らかくなっていたらOK、足りなければ再度1分程度加熱。
3. 水分を拭き取った黒豆を生地に混ぜ込む。
4. くっつかないように片栗粉をまぶした台に生地を置いて、6つに分けて1つずつ伸ばしていく。
5. あんこを40g程度で団子状にしておく（6つ作る）。
6. 生地を伸ばしながら、あんこをしっかりと包み、形を整えたら完成。

Recipe by Asami Ino

定番にしたいおやつ　　　　　　　　　　　　　　　　Delicious & Fun

30

1
—
January

中華風蒸しパン「マーラーカオ」

ホットケーキミックスで簡単アレンジ！
蒸したてのふわふわが味わえるのは、手作りの醍醐味。

30
／
365

材料

（ミニカップ4個分）
- ホットケーキミックス
　…100g
- 卵…2個

【A】
- 三温糖…50g
- 醤油…大さじ1/2
- 牛乳…大さじ2
- ココナッツオイル…40g
- レーズン…30粒程度

1. 卵をボウルに割り入れ泡立て器でよく混ぜたら、**A**を加えてさらに混ぜる。ココナッツオイルは固まっていればレンジで数秒温めて液体に戻し、ボウルに加えてよく混ぜる。
2. ①にホットケーキミックスを加えてゴムベラでダマがほぼなくなるまでよく混ぜる。
3. クッキングシートを敷いたカップ型（ない場合は耐熱性のあるカップでも◎）を用意し、レーズンを4〜5粒ほど入れ、②の生地をカップの8分目まで入れる。
4. 鍋、またはフライパンに少量の水を入れて蓋をし、中の水が沸騰したら耐熱皿にのせたカップを中に入れる。
5. 中火で2分蒸したところで蓋を開けて真ん中にレーズンを2〜3粒のせる。再度蓋をして13分蒸す。
6. 火傷に気をつけてカップから取り出し、お皿に盛り付ければ完成！

Recipe by Mina Shinkawa

2 February

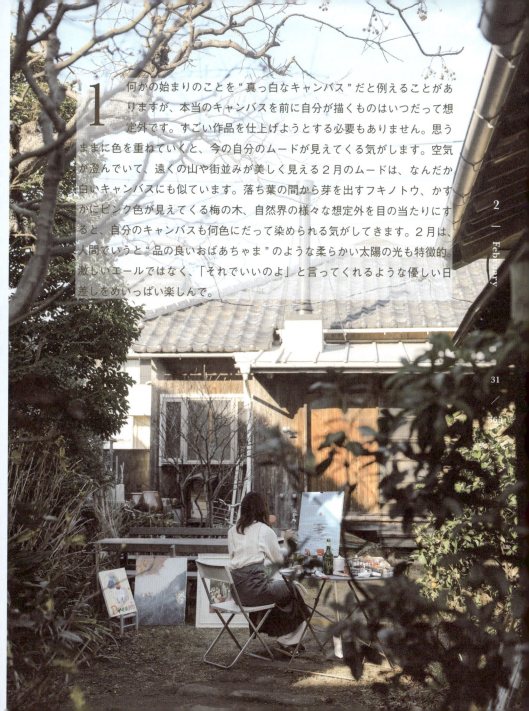

1　何かの始まりのことを"真っ白なキャンバス"だと例えることがありますが、本当のキャンバスを前に自分が描くものはいつだって想定外です。すごい作品を仕上げようとする必要もありません。思うままに色を重ねていくと、今の自分のムードが見えてくる気がします。空気が澄んでいて、遠くの山や街並みが美しく見える2月のムードは、なんだか白いキャンバスにも似ています。落ち葉の間から芽を出すフキノトウ、かすかにピンク色が見えてくる梅の木、自然界の様々な想定外を目の当たりにすると、自分のキャンバスも何色にだって染められる気がしてきます。2月は、人間でいうと"品の良いおばあちゃま"のような柔らかい太陽の光も特徴的。激しいエールではなく、「それでいいのよ」と言ってくれるような優しい日差しをめいっぱい楽しんで。

季節のピクニック　　　　　　　　　　　　Season & Nature

アートなピクニック

2 日頃から沢山の人と接していると、「この場合の正解はなんだろう」なんてことを考えながら、その時々で"最適解"を探してしまうことがあります。だからこそ、誰に説明する必要もなければ評価されることもない自分だけのキャンバスは、時に自分でも知らなかった気持ちに気づかせてくれることがあります。

3 アートなんて柄じゃない…！と思わずに、小さな頃の遊びの時間のように過ごすことが理想的。「ちょっと良いビールを冷やしておいてよかった」なんて昼から自分のためだけにグラスに注いで、見ると嬉しくなるようなおやつだけをつまみに、気ままに自分の創るものを楽しむ時間は至福のひとときです。

季節の植物　　　　　　　　　　　　　　　　　　Season & Nature

ゆっくり始める、春支度

4

Pansy
パンジー

5

Ranunculus
ラナンキュラス

2
—
February

春の花の代表格でもあるパンジーは、今にも喋り出しそうな顔が特徴的。「私を思って」という花言葉はまさに、吹き出しで出てきそう…！フリルタイプにマーブルタイプ、お顔の大きさも様々で、選ぶところから楽しめます。

お正月が終わってラナンキュラスが並ぶと、すっかり気持ちが落ち着いて春の到来にわくわくします。新種の"ラックス"というシリーズは従来よりもボリュームが控えめで光沢があって、飾ると一気にお部屋がおしゃれな印象に…！

34-36
／
365

花と器で楽しむ、おやつ時間

まだまだ寒いこの季節、器と春の花の色合わせを楽しみながらセルフお花見をするのが至福のひと時。近年は冷凍の美味しいおやつが増えているので、思い出した瞬間に嬉しくなってしまうようなものをストックしておくのがおすすめです。

もっと、家を好きになる　　　　　　　　　　　　　　　　　Season & Nature

DIY 精神は、人生を能動的にする

7 NEXTWEEKEND ではこれまで、ハンドメイドからレシピまで「自分で作る」ということに関して、日々めいっぱい提案をしてきました。そのために編集部のメンバーがすごく器用だと思っていただくこともあったのですが、実際のところほとんどのメンバーがむしろ不器用…！だけど、大切なのは DIY 精神だと思うんです。DIY って、DO IT YOURSELF の略なんですよね。なんかもう、気軽にホームセンターの看板に書いてあるけれど、人生のモットーにした方がいいくらい大切なこと。
とんでもない刺繍ができるようになる！ということが目標なのではなく、あくまでも「なんだ、これ自分でできるじゃん」と気づいて、人生におけるあらゆることを、他人事（ひとごと）にして諦めるのではなく、自分で工夫できるといいよね、ということが伝えたくて NEXTWEEKEND を続けてきたと言っても過言ではありません。だから、もし、"不器用だから" という理由で、自分で作ること全般を諦めている人がいるとしたら、すごいものを作るよりは、その実感を味わってほしいと思っています。

もっと、家を好きになる　　　　　　　　　　　　Season & Nature

8 大げさにしすぎず、だけど小さくもなくて、ちょうどいい塩梅で楽しさと達成感を味わえるのは、塗料を使ったDIYかもしれません。一から何かを作るものではありませんが、手放そうかなと思っていたアイテムが一軍に返り咲くこともある偉大なカスタマイズ…！「気に入らなかったら、自分で変えればいいのだ」という精神も根づきます。

2 — February

**スプレータイプの塗料は
小さなパーツに便利**

デスクの金具を、ブロンズ風に塗り替えました。「ミッチャクロン」を事前にふきかけることで、つるつるした素材にもしっかり塗れます。

**子どもの派手色なお道具箱を
ヴィンテージカラーに塗り替え**

「ミルクペイント」はキッズアイテムにもおすすめな天然由来のペイント塗料です。

38 / 365

**洗面所の棚を真鍮ペンキで
イメージチェンジ**

元からその姿だったかのように仕上がる真鍮ペンキ、優れものです。

朝、30分間のアディショナルタイム

サッカーの前後半それぞれの規定試合時間の後に追加する時間をアディショナルタイムと言いますが、試合を観ていると、このたった数分の間に多くのドラマが起きることがあります。観ている方の高鳴る気持ちもあるのかもしれませんが、心なしかこれまでよりもさらにスピードが増して濃度が濃く、流れが変わっていきます。伊坂幸太郎さんの小説『終末のフール』の一節に「あなたの今の生き方は、どれくらい生きるつもりの生き方なんですか？」というセリフがありますが、本当は有限のはずの人生もなぜだかいつまでも終わりが来ないような気がしてしまうのが人間の性なのかもしれません。どれだけ心を決めていたって、1日がいざ始まると忙殺されてしまうのも本当に仕方のないこと。ただ、人生では誰かが「ここからアディショナルタイム始まります！」と旗を掲げてくれることはありません。そんなことに気づいた日から毎日作れるのが朝のアディショナルタイム。世界が動き出す前に、たった30分だけでいいので"余裕ができたらしたいこと"をしてみます。花の世話をする、コーヒーを美味しく淹れる、好きなインテリアに変える、本を読む。どれもピクニックの中ですることのように、しなくても生きていけることばかりですが、この"余裕ができたら〜"の先にある欲望こそ、実はものすごく望んでいる時間だったりするのです。試合後ではなく、試合前にとる人生のアディショナルタイム、おすすめです。

日常の延長線にある旅　　　　　　　　　　　Time & Environment

紡がれた物語を感じる旅

10 銀行跡地のカフェ、紡績工場跡地のホテルなど、リセットするのではなく、面影を残しながらも新しい形に変えて紡いでいくプロジェクトが世界中にあります。0から作られる素晴らしいものも沢山ありますが、かつて賑わった姿を尊重しながらも、そこの可能性を信じ、今の形で翻訳される場所からは独特の空気感、カルチャーを感じることができます。

高級感やスケール感とは違う、物語を感じさせてくれる例のひとつ、沖縄県にある「SPICE MOTEL」は

1970年に建てられた、車を停めてそのまま部屋に入るMOTELのスタイルを活かしている宿。米軍のラジオが流れる中、ここにしばらくひとりでいると、今自分が何歳でどの国にいて、何をしているのか一瞬分からなくなるような不思議な感覚に包まれます。

2 — February

40 / 365

眠れぬ夜の過ごし方　　　　　　　　　　　　Time & Environment

寝付けない夜は、ホットカクテルを1杯楽しむ

11 まだまだ寒さが厳しい季節。身体が冷えてしまって寝付けない、風邪をひきそうな予感がする…そんな夜に飲みたいのが、冬の季語でもある「たまご酒」。風邪のひき始めに飲むものとして江戸時代から親しまれているという、日本酒に卵を加えたホットカクテルです（卵ドリンクに親しみがない方も、ミルクセーキやエッグノッグの大人版と思えばしっくりくるかも…？）。飲んでいくうちに身体がぽかぽかしてきて、きっといい眠りにつけるはず。

材料（1人分）
- 日本酒…200ml
- 卵…1個
- 砂糖…大さじ1
- シナモン…少々

1. 鍋に日本酒を入れ、沸騰する直前で火を止める。
2. ボウルに卵、砂糖を入れよく混ぜ合わせる。
3. ②に①を少しずつ加え、その都度泡立て器でよく混ぜ合わせる。
4. 鍋に戻し、泡立て器で混ぜながら温め直し、器に注ぐ。お好みでシナモンをかけて完成。

※お酒が苦手な人は①の時に沸騰させてアルコールを飛ばしましょう。その時は卵が固まってしまうので混ぜる前に少し冷ましてください。

Recipe by Mayuko Suzuki

ひとり時間の楽しみ方　　　　　　　　　　　　　Time & Environment

毎日することを、特別扱いする

12 自分の日常を"取るに足らないこと"だと思うと小さな変化に気づくこともなく過ぎていきますが、"特別扱い"してあげると、その中にある些細な変化や愛しさに気づくことができます。予定のない休日に、普段なら意識もしない瞬間をめいっぱい愛でてみる。たとえば朝起きて窓を開けて自然を感じる、温かいお茶を飲む、今日の服に着替える、裸足になって季節を感じる、昼寝する。いつでもできる、いつもしている、それぞれの行動を意識して大切に扱ってみると、改めて毎日を愛でることができます。旅やイベントなど、華やかな予定を頼りに暮らして、たまに非日常体験を過ごしたとしても、やっぱり人生のほとんどは日常でできています。昨日は咲いていなかった目の前に咲く花に気づけるかどうか、結局はそんな一瞬の積み重ねが1日を作り、その積み重ねが毎日を作っていきます。冬と春のはざまの2月は、自分の毎日することをちゃんと特別扱いして、ベースとなる日々を整えていく時間にできるといいかもしれません。

2 _ February

42 / 365

停滞期でも上を向く言葉

13「また会いたいな」

人に時間を作ってもらえる価値のある人間になろうだとか、誰かと会うのに損得を求めたりだとか、ひとりでいるとあれやこれやと考えてしまいますが、誰かとの仲が深まる時は「また会いたいな」と思う瞬間。それはきっと、価値とか損得ではなく、一緒に過ごす時間を楽しめるかどうかに尽きるのだと思います。

14「今日の思考を糧にする」

"You are what you eat." という言葉があったりと、食べ物が私たちの身体を作るのに直結していることは容易に理解できますが、今日の自分の行動や思想が明日の自分を作っていくこともまた事実。答えを出すことに焦るよりも、自分なりの視点で「どうしてだろう」と疑問に思い、その都度一生懸命考えてみることが、いずれ点と点をつないでくれるはずです。

目の前の景色が変わる言葉　　　　　　　　　Happy Idea

15

2 — February

「私たちが生きている今日は、誰かの生きたいと思った明日」

45 / 365

人生は有限で、どの生き物も必ず最期の時を迎えるというのに、どうもリアルではなく延々と続く気持ちになってしまうのが人間の常。だけど私たちが生きている今日が、どれだけ尊い1日か。ずっと考えていられなくても、時折こうして思い返すことが今日1日を特別にしてくれます。

ふくらむ気持ちは、
小まめアウトプットして育てる

16 降り始めた雪を見て思い浮かぶ顔は、年齢とともに大きく変わっていくものですが、それでも大きな自然を前にした時にふと心に生まれることは、自分が今、本当に"考えたいこと"なのかもしれません。毎日沢山の立派（風な）考えに触れざるを得ない現代人にとって、自分の中から湧き出てくる「こう思う」は、源泉が湧く温泉のように大切にすべきものです。

立派風な他人の意見に気を取られて、大切な源泉に「今はいいか」「取るに足らないこと」だなんて、蓋をしてしまってはもったいない。心の中にはちゃんとした収納箱が存在していないので、また今度取り出そうなんて思っていても、新しい気持ちがどんどん積み重なった時、1番下の気持ちはもう取り出すこともできなくなるほど深いところにいってしまうかもしれません。だから、心にしまわないうちにアウトプット。書き出すでもいい、隣の誰かに「こう思うのだけど、どう思う？」と聞いてみるでもいい、完璧な形なんかになっていなくても、源泉の状態でちゃんと道を作ってその先に流してあげる。そうすることで、形のなかったものにふんわりと輪郭ができて、そして少しずつかたまりとなって、取り出したい時につかめるような形になる。

ふと生まれた源泉をなんとなくでも形にしておくことで、また新たな出会いの中で芽生える新しい気持ちと、かつての感情がちゃんと組み合わさって、その都度自分らしい表現となって…。「思考」というものはそうやって形を変えて生まれ変わり続けるはずです。

こもると決めた日に出会う、自分らしさ

17

「今日はこもるのだ」と、決めてからこもる喜びはたまりません。冬眠する動物たちが寝床を整えて食糧をためこむように、朝からキッチンに立ってコトコト煮込んでみたり、気になっていた美容法を試してみたり、映画に本、飲み物…と、他の誰でもない自分が喜ぶ小さな幸せが並ぶと、内側からじわじわと満ちていく気がします。

個人的には、冬の北海道が他の地域に比べてアイスの消費量が多いというデータが可愛くて大好きです。北海道は"こもる"ことのプロたちが住む土地。私自身5年住んだこの場所で、ずいぶんと家の中での楽しみ方を開拓できた気がします。冬が長く、常に大自然と隣り合わせで暮らす北海道は、何もかもが便利に進んでいく人工的な都市とは真逆で、雪によって先へ行けなかったり予定が中止になったりと、不可抗力が前提にあります。美しく爪を伸ばしたネイルサロンのお姉さんも、路面店であれば当然のように雪かきをしてから営業を始めます。

だからこそ、培われるのが工夫の気持ち。「何もない」と思えばいつまでも足りないかもしれませんが、やるしかない中で、あるものを組み合わせて工夫していく先には、多くの人が追い求めている"自分らしさ"が待っている気がします。

明日の朝食を、今よりもっと美味しくするためには。今日のリビングの景色を、今よりもっと好きになるためには。自宅で仕事をする時間を、今よりもっと快適にするためには。誰かが変えてくれるのを待つのではなく、自分でできる工夫の先にある"自分らしさ"との出会い。寒いこの季節だからこそ、制限をネガティブにとらえず、絶好のこもり日和に変えて、自分の中から生まれるアイデアにときめいてみるのがいいかもしれません。

知っていると楽しい思考術　　　Happy Idea

"ここだけは…!"という理想のかけらバトン

18 毎日、膨大な TO DO LIST に囲まれて、効率を上げてくれる便利なツールが次々と生まれていくけれど、削って早くなって、楽になった時間の中でしたいと願っていることは"しなくてもいいけれど、あると嬉しい"些細なことだったりします。

今日1日が始まる前に、窓の景色を眺めながら飲むコーヒー。家中が幸せな香りで包まれるキッチンでの時間。なんでもない日にも大切な人に贈り物ができる心の余裕。忙しさに追われていると、そんな生活がもう手の届かない遠いところに行ってしまったような気持ちになりますが、流れを変えてくれるきっかけはすぐそばにあるはずです。どうしても洗い物をしたくない夜や、疲れ果てて玄関の荷物が拾えないような日に、たったひとつだけでも「あ、自分はまだ大丈夫だ」と、絶望せずに前を向ける"理想のかけら"を残しておくのです。私の場合はソファメイキング。「今日という日は、本当にもう何もしないでビールを飲んで寝たいのだ…!」という夜にも、散らかった部屋の中を掻き分けて、這ってでも死守しているのがこれ。思えばこの数年間で4回も家が変わりましたが、朝起きてこの場所だけでも綺麗でいてくれると、「よし、今から頑張ろう」と前夜の願いが込もったバトンを受け取れる気がするのです。

孤独とユーモア

19 スキーかスノーボードにでも行こうと思って、1年ぶりにウェアを引っ張り出してくると、ポケットから飴が出てくることがあります。リフトに乗って山頂に向かう中腹あたりで、ポケットにそれが入っていることを思い出すとなんとも嬉しくて、いくら吹雪いていようと口の中に秘密を隠しているような気持ちになる、分かる人には分かる幸せの味です。おすすめはサクマの「いちごみるく」。こっそり口を開ければ、苺みるく味のかき氷を楽しめます。吹雪の中でリフトに揺られている人がそんなことをしているなんて、下の人には到底分かるはずもないというのが良い。ユーモアは万人受けしないところが良いのです。廃盤してしまったチェルシーのバタースカッチ味も、口の中でのちょっとおしゃれなキャラメルかき氷作りにひと役買ってくれていました。にもかかわらず、いざ下山するとさっさと忘れて、あんなに大切だったのに1年もの間ポケットに入れっぱなしなのだから飴玉たちには申し訳ない気持ちですが、ポケットの中に自分が嬉しくなるものを忍ばせておくというマインドは、日常生活においても重要です。その日限定なら、ポケットにビスケット、キャラメル、豆大福だって忍ばせられます。お菓子だけでなく、財布の中に思い出の手紙や、あの日のシーグラスなど、学生時代にミサンガをつけていたように、少し先のお守りになるようなものは、突然やってくる孤独からユーモアで自分を救ってくれます。みんなが足早に歩く薄暗い冬の夕方に、ふと大きな不安や孤独に襲われても、ポケットに手を入れた瞬間、午前中に忍ばせた豆大福が少しだけつぶれながらもそこに存在してくれていると、「大丈夫だよ」と、ついこたえたくなってしまうような包容力だってあるのです。

すぐにできる、切り替えスイッチ　　　　　　　　　　　　　　Happy Idea

日常を愛でるために

2 | February

50 / 365

20
「 色を作る 」

小さな頃、クレヨンの箱からは決まって同じ色が早くなくなっていきましたが、大人になると自分の好きな色すら見えづらい。たったひとつの色でなくとも、今の自分のムードを色で把握してみると、気持ちが形になるような喜びがあります。

すぐにできる、切り替えスイッチ　　　　　　　　　　　　　　Happy Idea

21 「 修理する 」

靴やアクセサリー、大切なものが壊れるのはもちろん嫌ですが、それがそのままになっていることは、更にじわじわと嫌な気持ちで自分を包みます。「今日は直す」と決めた日に、一気に修理するとすっきりします。

2 — February

22 「 小さく模様替えする 」

ソファの向きを変える、ラグを入れ替える、カーテンの色を変える。小さなことでも、毎日見ている景色が変わるのは、自分にとっては大きな変化です。日々が淡々と過ぎていってしまうと感じたら、今日できる小さな模様替えを。

誰かのために準備すること   Happy Idea

ワインに思いをのせてみる

23　バレンタインもあるこの季節、気の利いたものを贈りたいけれど必要のないものを増やしてしまったらどうしよう…と悩んだ時、相手がお酒を飲む方ならワインのギフトがおすすめです。フランス語のテロワール（Terroir）が「風土の、土地の個性の」と訳されるようにワインにはブドウの樹をとりまく気候、土壌、畑、など様々な要素が影響します。それが1本の中に詰まっているのだから物語も沢山。高価でなくても、その名がついた由来や、造られた年、ワイナリーの歴史などを含めて楽しんでもらえるものが沢山あります。ことにナチュラルワインは、生産者を始め、インポーター、酒販店など、いずれも個人の顔が見える規模感のものが多く、より一層選んだ理由を伝えることができます。直接的なメッセージを伝えるのが恥ずかしくても、「白桃や柑橘、清涼感のあるハーブ香が持ち味と聞いて、ぴったりだと思って…」なんて添えれば嬉しい贈り物に。とはいえ難しく考え過ぎずとも、センスの良い店で選べば、色々と提案をしていただけるのでご安心を…！

2 — February

53 / 365

2 | February

作ると楽しい、季節のレシピ　　　　　　　　　　Delicious & Fun

お酒が進むおつまみで、小料理屋気分を

24

オイルサーディン缶のマリネ

缶詰でさくっと作れる簡単おつまみ。
トマト缶やケチャップを加えてパスタソースとしても楽しめます。

材料（2人分）
・新たまねぎ…1個
・ミニトマト…10個
・オイルサーディンの缶詰
　…大ぶりのもの約10尾
・オリーブオイル…大さじ2
・濃い口しょうゆ…適量
・削り節またはディル…少々

1. 新たまねぎの皮をむいて、芯を除き約5ミリ幅にスライスする。（辛みが気になるときは、約10分間水にさらして、しっかり水を切る）ミニトマトは洗った後水分をふき取り、ヘタを取り除いて半分にカットする。
2. オリーブオイルとしょうゆを混ぜ合わせる。
3. 保存容器に①と②を入れて全体を和えたら、オイルサーディンを加えて和える。
4. 器に盛り、お好みで削り節やディルをトッピングすれば完成。

Recipe by Ayako Kunishio

作ると楽しい、季節のレシピ　　　　　　　　　　　　　　Delicious & Fun

25

2 — February

鶏とプルーンのパテ

持ち寄りにも喜ばれる一品。
いちじくなど好きなドライフルーツに置き換えたり、ナッツを入れても◎。

55 / 365

材料（17cm パウンド型 1 台分）

- 鶏ももひき肉…300g
- 鶏胸のひき肉…200g
- パン粉…大さじ1
- 牛乳…大さじ1
- 卵…1個
- ウスターソース…小さじ1
- 醤油…小さじ1/2
- 塩…小さじ1
- カトルエピス…小さじ1
  （※シナモン、ナツメグ、ジンジャー、クローブ、胡椒で代用可）
- 種なしプルーン…5粒

下準備

オーブンを180度に予熱する。
パウンド型にクッキングシートを入れておく。

1. ボウルにプルーン以外のすべての材料を入れてよく練る。
2. 型に①の半分ほどを入れ、ヘラで押していくような形でしっかり入れ込む。半分まで入れたらプルーンを真ん中に入れる。
3. プルーンを押し込んだら、残りのタネを入れ、オーブンで60分焼いたら完成。

Recipe by Ayaka Mitsutoshi

作ると楽しい、季節のレシピ　　　　　　　　Delicious & Fun

26

フィッシュ＆チップス

衣に少しのビールを使うので、そのまま飲みながら料理できちゃう楽しいレシピです。揚げたてのふわふわ感は格別！

材料（3〜4人分）
- 白身魚の切り身…3切れ
- じゃがいも…400g程度
- 塩胡椒…適量
- 薄力粉…適量
- 油…適量
- 塩…少々

衣（フィッシュ）
【A】
- 薄力粉…100g
- ベーキングパウダー…2.5g
- ビール…100ml

衣（チップス）
【B】
- 塩…4g
- （じゃがいもの1％の量）
- 薄力粉…10g
- 米粉…10g

1. 白身魚に塩胡椒をして、食べやすいサイズに切り、薄力粉をまぶす。じゃがいもは棒状に切る。
2. ボウルの中に**A**を入れて、ダマにならないよう少しずつビールを加えて混ぜ合わせる。
3. 揚げ油を熱して、白身魚に②の衣をつけて両面揚げる。
4. 別のボウルに**B**とじゃがいもを入れ、表面にまんべんなく粉がつくようにボウルを振り、同じ油でカリッと揚げる。③と盛り付けたら完成。塩とレモン、タルタルソース、マヨネーズ＆柚子胡椒などお好みでつけながらどうぞ。

Recipe by Moe Murakami

少し先の楽しみを仕込む　　　　　　　　　　Delicious & Fun

隠し味になる、フルーツの発酵調味料

27 塩金柑

春先に仕込んでおきたい塩金柑。魚の漬けのタレや、そばつゆにもおすすめです。

材料
- 金柑…800g
- 塩…104g（金柑に対し13%）

1. 金柑を切って、種を取る。
2. 熱湯消毒した清潔な瓶に金柑と塩を交互に入れていく。
3. 1週間ほど室温で放置する。最後はペースト状にして完成。

28 塩レモン

ポテトサラダや卵サラダ、炒め物に！何に入れても美味しくなる発酵調味料です。

材料
- レモン…800g
- 塩…104g（レモンに対し13%）

1. レモンを切って、種を取る。
2. 熱湯消毒した清潔な瓶にレモンと塩を交互に入れていく。
3. 1週間ほど室温で放置する。最後はペースト状にして完成。

Recipe by Goki Inoue

定番にしたいおやつ　　　　　　　　　　　　Delicious & Fun

バレンタインに作りたい、チョコレートの一皿

2 | February

29

マフィン型で作るチョコケーキ

クリームやアイスと盛り付ければ、カフェの一皿に。
マフィンはラッピングしやすいのでギフトにもぴったり。

Delicious & Fun

定番にしたいおやつ

材料（6 個分）
- 無塩バター…70g
- きび糖（1）…40g
- 卵白…2 個分
- 卵黄…2 個分
- クーベルチュール
  チョコレート…40g
- きび糖（2）…40g

【A】
- 小麦粉…35g
- ココア…15g
- アーモンドプードル…35g
- ベーキングパウダー…2.5g

- 生クリーム…30g
- ラム酒…15g
- 胡桃…20g

下準備
- A の粉類はふるっておく。
- バターは常温でやわらかくしておく。
- オーブンは 180℃に予熱しておく。
- 胡桃は粗く刻んでおく。
- マフィン型にバターかオイルスプレーを塗っておく。

1. チョコレートを 40〜50℃の湯煎で溶かす。
2. メレンゲを作る。ボウルに卵白を入れ、きび糖（1）を 3 回に分けて入れながら泡立て器で混ぜる。ツノが立ちツヤっぽくなったら OK。
3. 別のボウルに無塩バターを入れ、泡立て器でなめらかになるまで混ぜる。
4. きび糖(2)を入れ、白っぽくなるまですり混ぜたら、卵黄を入れて混ぜる。
5. ①で溶かしたチョコレートを入れて混ぜる。
6. ふるっておいた粉類 A を 1/3 入れてゴムベラで混ぜる。
7. ②のメレンゲを 1/2 入れ、ゴムベラで切るように混ぜる。
8. 残りの粉類 A と残りのメレンゲを入れ切り混ぜる。
9. 生クリーム、ラム酒、刻んだ胡桃を入れ、30〜40 回、ツヤが出るまで切り混ぜる。
10. マフィン型に生地を流し入れ、180℃に予熱していたオーブンで 23 分焼く。焼き終わったら型から外し、粗熱をとる。
11. お皿に盛り付け、好みで溶けない粉糖（分量外）をふる。アイスクリームやナッツ、フルーツ、生クリームなど好みで一緒に盛り付けて完成。

2 — February

Recipe by Risa Shimizu

定番にしたいおやつ　　　　　　　　　　　　　　　　　　Delicious & Fun

30

ラズベリーのチョコレートケーキ

ワンボウルで作れるのに本格的！
チョコテリーヌのような濃厚さのあるケーキです。

材料
（15cmの型　1台分）
・チョコレート…220g
・無塩バター…180g
・砂糖…60g
・卵…5個
・薄力粉…20g
・ラズベリー…300g
・粉糖…適量
・チョコレート
（トッピング用）…20g

下準備
・型にバターを塗り、クッキングシートを敷く。
・オーブンを180度に予熱する。　・薄力粉をふるう。

1. チョコレートと無塩バターをボウル入れ、湯せんにかけ、溶かす。
2. 湯せんからおろし、ボウルに砂糖を入れ、ホイッパーでよく混ぜる。
3. よく溶いた卵を入れ、さらによく混ぜる。
4. ふるった薄力粉を入れ、ゴムベラでさっくりと混ぜる。
5. 型に半量の生地を流し入れ、半量のラズベリーを入れる。
6. 残りの生地を流し入れ、予熱したオーブンで30〜35分焼く。
7. 粗熱が取れたら、型のまま冷蔵庫で3時間以上冷やし固める。
8. 型から出し、残りのラズベリーをトッピングして粉糖をふるう。
9. 湯せんで溶かしたチョコレートをかけて完成。

Recipe by Chisato Tanaka / Kaori Ozawa

" 自分の今行っていること、
　行ったことを心から楽しめる者は幸福である "

　－ゲーテ （Johann Wolfgang von Goethe）

3 March

1 ニュースで「今日は薄めのコートでも良さそうです」と言われてアウターを選ぶのもいいけれど、自分自身でそれを感じて冬の重装備から解放された自由を実感できるのが3月の魅力。それと同時に、桜の季節に向けた準備期間のようにムスカリや菜の花が咲き始めて、どれだけ長い冬でもちゃんと終わりを告げるということを感じられると、安心するような気もします。この季節を楽しむには、一足早いお花見のような、ほろ酔いピクニック。大人になると"遊ぼう"というよりは"ごはんに行こう"という約束が増えていきますが、たまには遊びを中心にしてみるのも粋です。トランプとビールを持って、あとは大好きなおつまみを少し。今必要なのは、真剣なディスカッション以上に、同じものを見て笑い転げることなのかもしれません。

お酒とおつまみで、ほろ酔いピクニック

2 誰かに言われて嬉しかった言葉を覚えておいて、他の誰かに使ってみると、その言葉はすっかり自分のものになります。「その服似合ってるね」と相手を褒める言葉はもちろん嬉しいものですが、「一緒に遊ぼう」は、小さな頃に嬉しかった記憶として残っている言葉のひとつで、大人になった今も変わらずお互いの距離をぐっと近づけてくれる言葉です。

3 "ロケハン"という言葉は"ロケーション・ハンティング"という言葉の略で、写真や映像を実際に撮影する前に下見することを指しますが、常に遊びの心を持っていると、「あ、あそこであの人とこれをしたら楽しそう！」と毎日がロケハンのような気持ちになり、どこへ行っても輝いて見えるのでおすすめのマインドセットです。

季節の植物　　　　　　　　　　　　　　　Season & Nature

長く楽しめる、枝ものを飾る

4

Mimosa
ミモザ

SNSのおかげで3月8日の「国際女性デー」が有名になり、近年の3月はスマホの中まで黄色で溢れるようになりました。水分量が少ないのでドライにしやすく、スワッグにして長く楽しむのもおすすめです。花言葉のひとつは「感謝」。

5

Reeves Spiraea
コデマリ

枝ものなのにしなやかで可憐なコデマリは、他の花と合わせずとも、それだけで動きも存在感も出せる、素敵な花。離れて花瓶からはみ出すバランスを見ながら、慎重にカットして飾るのが◎。花言葉のひとつは「努力」。

6

味覚狩りならぬ、花狩り

切花を買うのもいいけれど、少し車を走らせると花を狩らせてくれるような花畑や農園もあります。お花屋さんに並んでいる時は、ちょこんとすましていたのに、「あなた、こんなにワイルドだったのね…」と驚くこともしばしば。本来の姿を知ると、これから先もその花に愛着が湧くこと間違いなしです。

もっと、家を好きになる　　　　　　　　　　　　　　Season & Nature

立つのが楽しみになるキッチンを作る

7　多ければ1日3回も立つキッチンという場所。TO DOをこなすように向かう日もあるかもしれないけれど、いざ立てば「さあ何を作ろうかな！」なんてスイッチが入る場所になれば、いい気分転換にすらなるかもしれません。そのためにまずはキッチンの顔となる調理器具を、自分が気持ち良く付き合えるものにしてみること。100円ショップでも何でも手に入ると言えばそれまでですが、お気に入りの精鋭たちを集めた空間は、自分だけのコックピットのように感じられて、そこで過ごす時間を重ねるたびに自己肯定感まで上がるはず。少し値のはるアイテムも、一生モノと思えば、そして日々のモチベーションを支えてくれると考えれば、安いものかもしれません。

ひとつは持っていたい鋳物ホーロー鍋

バーミキュラ（右）ル・クルーゼ（左）ストウブ（下）
ごはんも炊けて、煮込みも美味しくなり、食卓にもそのまま出せて…と、ひとつは持っていたい万能選手！サイズや形はライフスタイルにあわせてチョイスを。

食卓が締まる、銅の調理器具

鍛金工房WESTSIDE33の銅製うどんすき鍋（左）イタリア製バッラリーニのサービングパン（右）
どちらも、そのまま火にかけられて、食卓にも出せるもの。麺ものからアヒージョ、焼き林檎まで大活躍。

もっと、家を好きになる　　　　　　　　　　　　　　　　Season & Nature

8

気になっていたあの料理に挑戦してみようかな、せっかくならもう一品作ってみようかな、なんて気持ちを後押ししてくれるのは、素敵な器の存在。シーンや季節に合わせて気持ちを代弁してくれるようなお皿があるだけで、料理のマンネリ化は防げる気がします。急にあれこれ揃えようと思わずに、少しずつ自分好みの器を探して揃えていくと、思い出とセットで大切にできて、長い人生の楽しみになるはず。

3 — March

68 / 365

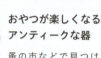

おやつが楽しくなるアンティークな器

蚤の市などで見つけて少しずつ集める器。物語の中の一コマのようなティータイムにぴったり。

なんだかんだ手が伸びるリチャード・ジノリのホテルライン

ぼってりとした厚みも、白の深さも、形も大きさも何もかもが本当に使いやすくて、日常でつい選んでしまう定番器。

影の立役者な器

主張は強くないけれどワンポイントアクセントになる器。主役を盛ることはなくても、これがあると食卓全体がいい感じになる…！

朝の時間の過ごし方　　Time & Environment

「なんだか、できそう」な気持ちを高める朝

9 子どもは自身の絵を飾ってもらうことで自己肯定感が上がるそうです。要するに自分の作ったものが認められ、喜ばれていることで自信が出てくるというもの。大人だって本当はそんな瞬間を求めているはずなのに、誰にもしてもらえないのであれば、自分で満足して喜びを感じるほかありません。アート作品を作るのもリラックスするにはおすすめですが、ゴールがなく満足を得るにはややハードルが高いのも事実。

その点、食べるものならシンプルに「美味しい」を実感できるので、成功体験として分かりやすく肯定感を高めるのに身近な存在です。そして、えらい自分を褒めて1日を始められるという点で、成功体験を作るのに最適なのはやっぱり朝時間。まだ少し肌寒い3月の朝は、絵本のような焦げ目に挑戦してみるのもおすすめです。味だけでなく、見た目でも満足でき、幸せな光景を目の前で叶えることができます。以前訪ねた姫路には独特なアーモンドバター文化があって、普通のトーストにも、これを塗って焼くだけで理想的な焦げ目がつく、まさに魔法のアイテムです。

日常の延長線にある旅　　　　　　　　　　　Time & Environment

移動を楽しむ旅

10 普段は車で行く道を自転車で行くと発見があるように、普段は飛行機で行くところを別の手段にしてみると色々な発見があります。私が北海道に住んでいた頃も、九州に住んでいた頃も、両親はなぜか横浜から車で来ました。片道5日ずつくらいかけて様々なところを旅して宿に泊まりながら目的地に来て、そしてたいして長くも滞在せずに帰っていくのです。これまでの人生で明確に目的地にしてこなかったような土地にも立ち寄ることができ、知らなかった文化を垣間見ることができるようです。私自身、普段は2時間で行ける九州横浜間を一晩かけて移動した船旅で、空の上からは見えない景色を

眺めながら知的好奇心をくすぐられ、次の旅先まで決まってしまいました。使うかどうかは別として、"最短経路"ではない手段を検索してみると、新しい選択に出会えるかもしれません。

観光列車を目的にして、出発地と到着地で1泊ずつするのも豊かな旅の作り方。窓際に作られたカウンター席やボックスなど、様々なシートが楽しめます。

3
—
March

70
／
365

眠れぬ夜の過ごし方　　　　　　　　　　　　Time & Environment

「なかなかいい日だったな」
と思える時間をちゃんと作る

11

近年「ジャーナリング（書く瞑想）」といった言葉も聞きますが、アナログに書き出す作業は心の整理にぴったり。スマホだと、日記を書いていたはずなのに気づけば買い物をしていたなんてことにもなりかねませんが、ノートや手帳をひらくことによって、「自分の感情に向き合う」という時間がしっかり始まります。たとえば寝る前におすすめのジャーナリングはこんなもの。

☑ **就寝前に、その日にあった良いことを3つ書き出す**

アメリカの心理学者セリグマン博士が提唱している three good things と呼ばれる心理療法。元々はうつ病改善のために開発されたものの、今では多くの方がそれを実践し、幸福度が向上しているそう。これを続けると、「なかなかいい日々じゃないか」と、俯瞰で毎日をとらえることができて、目の前の悩みにいっぱいいっぱいにならずに済みます。

☑ **もやもやが浮かんで眠れない時は、紙に棚卸しする**

大切なのは「なんとなく」ではなく事実を言語化すること。「今もやもやしていることは？」「理想の状態は？」「この問題で、自分の力では変えられない事実は？」「じゃあ今自分にできることは？」etc. 淡々と紙に事実を書き出してみると、客観的になれるはず。自分が今できることは、いつだって意外とシンプルです。

極上の日ばかりではありませんが、「考え方によっては、今日も良い1日だったな」と思える時間をちゃんと作ること。
それが心地の良い眠りにもつながるのかもしれません。

ひとり時間の楽しみ方　　　　　　　　　　　Time & Environment

研究テーマを持ってみる

12 多くの作業がAIに取って代わられるようになり、人間の作業はどんどん少なくなっていきますが、絶対に手放してはいけないもののひとつは好奇心だと思います。好奇心がなくなってしまったら、わざわざ効率化させて空いた時間でしたいこともなくなってしまいます。そしてそれは湧き出てくるものではなく、野菜や花のように育てるものです。そこらじゅうに落ちている種を自分で見つけて、根付かせ栄養を与えて育てなければいけません。どうも好奇心が湧かずに無関心なことが増えてしまった…、という時は、そんな自分を嘆くのではなく"研究テーマ"を持ってみるのがおすすめです。難しいテーマである必要はありません。"喫茶店文化""バスク地方の料理""野草研究"など、なんでもいいのです。一度テーマを決めてみると、それに関する情報が光って見えて、磁石のように手元にピースが揃っていきます。そしてまたそれを元に自分なりに実践してみる、その繰り返しで好奇心は育っていきます。実はインプットとアウトプットはシーソーのようにできていて、ちゃんと楽しく漕ぐためにはどちらも同じだけ必要なのです。春の始まり、芽吹いていく草木のように好奇心を育ててみると良さそうです。

3 ― March

72 / 365

目の前の景色が変わる言葉　　　　　　　　　Happy Idea

目の前の楽しさに気づくための言葉

3 | March

73 / 365

13

「雲の上はいつも晴れ」

どんより暗い大雨が降る日に飛行機に乗って雲の上へ上がると、信じられないような青空が広がっています。どんなことも表裏一体。探しているものは遠いところにあるのではなく、今たまたま見えていないだけ、ということもあるのです。

目の前の景色が変わる言葉　　　　　　　　　　　　Happy Idea

14

「 どうせ偏見を持つなら、
　愛しいフィルター　　　　　　」

3 — March

何かが起きてしまった時、愛情が深い人はその前後を想像して愛でることができるかもしれませんが、端から無関心な人は、そのものをそのまま受け取って、落ち込んだり腹を立てたりします。愛情の裏返しという言葉があるけれど、裏返さないで済むならきっとそっちのほうがいい。今こそ愛しいフィルターを磨く時かもしれません。

74-75 / 365

15

「 TO DO に追われたら
　WISH LIST を思い出す 」

「やりたい」という気持ちはいちばんのエネルギー。根本に「〜たい」があってこその TO DO であれば、きっと今よりも軽やかに進められるはずです。TO DO に押しつぶされそうになった時は、源泉にある自分の WISH LIST に向き合うことから。

知っていると楽しい思考術　　Happy Idea

やっぱりよかった、の可視化タイム

16　クイズ番組なら必ずどこかに正解があって、分かりやすく落ちこんだり喜んだりすることができますが、その回答が曖昧なまま進んでいくのが人生たるもの。マルもバツもなく、ただひたすらにその先も道が続いています。だとしたら、「これは合っていたのかな？」なんてことを気にして、誰かにマルつけを求めたり、この道を選んだ理由を他人に説明する言葉を探すよりも、自分自身が"嬉しい"を実感できることを優先するのが◎。

いつだって、過去よりは未来を見つめていたいものですが、自信を持って未来を選択していくためにも、"やっぱりよかった"の可視化がおすすめです。私の母は60歳を過ぎて家を建てましたが、長い年月をかけて好みが完全に確立していたようで、照明や壁紙、扉の色など家のあらゆるところの工夫があまりにも明確で、初めて家を建てる人とは思えないほど、即決・大胆・統一感が完璧で、「あっぱれ…」と感じるほどでした。そんな中、印象的なのは2階のトイレ。小さいサンプルからよくこの柄を選んで、空間をイメージできたな、と思うほどインパクトの強い壁紙なのですが、母はこのトイレに行くたびに「あー！可愛い！」「やっぱり最高だ！」と言って、自己肯定感が爆上がりの状態で扉から出てきます。なんて幸せなことなのだろうと、娘ながらに思います。毎日、自身の過去の選択に満足をしながら、今をもっと好きになって、今日を生きるということ。大きな分岐を待たずとも、まずは日々の選択に自分の"嬉しい"を優先させて、そしてそれを"やっぱりよかった"と可視化すること。トイレだっていいのです。その積み重ねが、未来の自分らしい道を作るのかもしれません。

今日をちゃんと締めてあげる時間

17 まっすぐに帰ることもできるけれど、どうもこのままだと涙がこぼれてきてしまいそうな、そんな夜。いつもの帰り道を、1本早く曲がったところにある、しみじみとした横丁。突き当たりにある、蔦の絡んだ古い扉を開くと別の世界に来たようなバーがあって、ずいぶん前からそこへ来るのを分かっていたかのようにカウンターでママが優しく話を聞いてくれて…。なんて、漫画の世界ならそこで夜な夜なドラマチックな物語を繰り広げたいところですが、そんな日に限ってバーにも銭湯にも寄り道なんてできずに、絶望や焦燥のまま、自宅でもやもやの悪循環に包まれてしまうのが現実の世界。えい、と眠ってしまえば翌日になるのかもしれないけれど、それだとあまりに地続きすぎる。だからやっぱり、どんな形であれ1日ごとにしっかり締めてあげることが、翌日を少しでも新しい気持ちで迎えるためには必要かもしれません。

英語で、朝の始まりに "Have a nice day." があって、誰かが素敵なことをしてくれたら "You made my day." があるように、1日という単位はやっぱりとても大切で、結局のところ人生は "Day" である1日の積み重ねなのだと思います。悔しかった日も、悲しかった日も、少しでも自分なりに良い形で今日を締めてあげることで、しっかりプチリセットができます。そんな時だけ食べて良い高級なアイスクリーム、幸せな気持ちに包まれるバスソルト、わざわざ着替えたいパジャマ、何も考えずに笑える映画、クイックにできるものからじっくり向き合うものまで、自分の中でいくつかの"締め"を持っておくと「It's not my day.（ついていない日だったな）」なんて思わずに眠りにつけるはずです。

知っていると楽しい思考術　　　　　　　　　　　　Happy Idea

春の目線は、自分で作れる

18 長く続いた暗い時期を終えて、雪解け、芽吹き、時に、恋愛の始まりにたとえられるほど、胸が高まる春という季節。とはいえ、どうもエンジンがかからない…という時は、大きな行動を変えずとも、まずは視線から変えてみるのがおすすめです。カラーバス効果は、もともとは心理学用語で、「今日は赤いものを探そう」と思って家を出ると、街の中には赤いものが案外多いことに気づくという現象で、意識している情報があればそれが自ずと集まっていることを意味します。どうせ探すなら、心地よいほうが良い。今頭に思い浮かべるものが今年の春の目線を作って、その延長に嬉しい出会いが生まれます。これは、目に見えるものだけではありません。「今は、みんなが落ち込んでいる世の中だから」「なんで私はできないんだろう…」「どうしてあの人は…」そんなふうに、悲しいことや、つらいことばかりを見ていると、そればかりを探して落ち込む一方で、気づくと世界がグレーがかって見えるかもしれません。だったらなるべく、誰かのいいところ、嬉しいことを探して、カラーバス効果を作用させながら綺麗な色の世界を作っていきたいものです。そうやって目に映るものからじっくりとムードを変えて、ようやく「さてさて、今年はどんな春にしようかな」とエンジンを温めていく始め方が、なんだかこの季節らしくて良いかもしれません。

3 ― March

78 / 365

ユーモアと暮らす　　　　　　　　　　　　　　　　　　　　Happy Idea

失敗とユーモア

19　ユーモアの心を育てる近道は、いかに自分の短所や弱点をユーモラスに受け止められるかにあります。「ちびまる子ちゃん」の根っからのキャラクターは不完全でドジなところがあり、何か失敗をした時「あはは」という吹き出しとともに、黒い背景の前で白目になっているシーンに見覚えがある方もいるかもしれません。落ち込んでいても何も進みませんが、そうやって自分の失敗を笑ってあげられればもうその時点で俯瞰の目線になれているのです。私は夫の仕事の都合上数年に一度引っ越しをしますが、なぜか作業に慣れることがなく、毎回必ず失敗をします。札幌の家を去る間際、すべての荷物とともに引越しのトラックを送り出したと思ったら炊飯器が忘れられていたことに気づき、クラッチバッグのように炊飯器を持って空港へ向かいました。今度はそれに気を取られたのか、引き払って鍵を閉めた家の中にハンドバッグを忘れてきてしまい、炊飯器だけを持って空港に到着したのです。空港の全身鏡を見てようやくそれに気づき、手伝いに来てくれた母に、幼い娘と炊飯器を託しバッグを取りに家に戻りました。迫り来るフライトの時間を気にしながら、降りたばかりの列車に乗り込もうとすると、やっと歩けるようになった幼い娘が、混沌と緊張の中で炊飯器を持ちこちらを見ている様子を見て、つい写真を撮ってしまいました。そんなことしている場合ではない、というのは重々承知の上で、いつかこの写真を見て笑える日が来ることがすでに楽しみだったのです。張り詰めていた空気が笑いに変わり、2人は空港の温泉に入って待っていることになりました。炊飯器はひとつぶんの脱衣所ロッカーを使ったそうです。失敗した時は、ちびまる子ちゃんの背景と吹き出しを借りてみる。そうすればいつか笑える日を想像できるかもしれません。

3 — March

79 / 365

すぐにできる、切り替えスイッチ　　　　　　　　　Happy Idea

好奇心を愛でるために

3 | March

80 / 365

20

「 花言葉で選ぶ 」

断言できることばかりではないから、自分の思想に背景をつけてくれる存在は大切です。花言葉もそのひとつ。「そうそう、今そんな感じ」と思える花を飾ると、毎日少し勇気をもらえるかもしれません。

すぐにできる、切り替えスイッチ　　　　　　　　　　　　　　Happy Idea

21
「 本気で勝負する 」

のらりくらりとしていれば、負けることも悔しいこともないけれど、その反面大声で喜ぶこともないかもしれません。ゲームでもスポーツでもいい、本気の勝負が、本当は見たい自分の一面に出会わせてくれます。

3 — March

22
「 妄想タイムスリップ 」

いっぱいいっぱいになったら、10数年後からやってきた自分になってみるのがおすすめです。「ふふ、頑張ってたわね。それ、後で糧になるからね」なんて今の自分を俯瞰で見つめられたら、結構最強です。

81-82 / 365

誰かのために準備すること　　　　　　　　　　　　Happy Idea

次へ向かう時こそ、一度後ろを向いて

23 出会いと別れの季節、誰かを受け入れたり見送ることもあれば、自分自身が新しい場所へ行くこともあります。気持ちはどうしても先へ向かっていきますが、一斉に卒業する場合は別として、自分だけが出る場合はどう去るのかということが後々自分の人生を後押ししてくれます。日本語の「立つ鳥、跡を濁さず」の諺は、対義語には「あとは野となれ山となれ」があり、英語では"Cast no dirt into the well that gives you water."（「水を与える井戸に泥を流すな」）が類似とされています。バタバタしているので落ち着いてから改めてお礼に…なんて思っていると、すっかり過去のことになってしまうので、野にも山にもならないうちに向き合うことが大切です。全員に同じプチギフトを用意したとしても、あまり数が多くなければ、ほんの一言でもそれぞれに合わせたメッセージを添えられると、感謝の気持ちはさらに伝わりやすくなり、そこで築いた人間関係は人生を通して脈々と紡がれていきます。それは損得勘定という意味ではなく、「もう二度と会うことはないかもしれないからこそ、別れを大切にしよう」という一期一会の精神で、そうすることで縁が紡がれ、自分自身の糧にもなっていくはずです。

作ると楽しい、季節のレシピ　　　　　　　　Delicious & Fun

旬の野菜で、春のはじまりを愛でる

24

3 | March

84 / 365

アスパラガスの卵ソース添え

チーズを加えゆっくりと加熱したと卵ソースは、とろりと柔らかく優しい風味。
残ったソースはバゲットで拭っても美味しいです。

材料
- アスパラガス…5〜6本
- 卵…2個

【A】
- 牛乳…50ml
- ピザ用チーズ…25g
- 塩…ひとつまみ
- オリーブオイル…小さじ2
- パルミジャーノレジャーノ
　…適量
- 粗挽き胡椒…適量

1. アスパラガスは根元の硬い部分は切り落とし、根元の皮をピーラーで3〜5cmほど薄く剥く。フライパンにたっぷりのお湯（分量外/1L）を沸かし、塩（分量外/小さじ2）を加え溶かす。アスパラガスを2〜3分ほど茹でてザルにあげて冷ましておく。
2. ボウルに卵を割り入れ溶きほぐす。**A** も加えよく混ぜる。
3. フライパンにオリーブオイルを温める。よく温まったら弱火の火加減にし、②を加え常にヘラでかき混ぜながら火を通す。5〜10分程かけてとろとろのソース状になるまで加熱する。
4. 器にソースを広げ、アスパラガスをのせる。好みでチーズと胡椒をかける。

Recipe by Saki Nagai

作ると楽しい、季節のレシピ　　　　　　　　　　　　　　　Delicious & Fun

25

出汁いらずの菜の花とささみのレモンスープ

塩だけで美味しく仕上がる、シンプルで贅沢な季節のスープ。
ささみも菜の花も、火を通しすぎないことが美味しく食べるポイント！

材料（2人分）
・ささみ…2本
・菜の花…1パック
・レモン…1/8個
　（※レモンを1/4にくし切りしたものを、半分使うのがおすすめです）
・水…600ml
・塩…9g
・オリーブオイル…大さじ1/2

1. 鍋に水と塩を入れ、沸騰したらささみを入れる。再度沸騰したら蓋をして火を止め、予熱で火を入れる。
2. 20分ほど経ったらささみを取り出し、繊維に沿って手で割く。（鍋の湯は取っておく）
3. 菜の花を、茎と葉や蕾の部分に大まかに分け、それぞれ食べやすい大きさに切る。レモンを薄切りにする。
4. 鍋のお湯を再度沸騰させ、菜の花の茎の部分を入れる。味見をし、水や塩（分量外）で好みの味に整える。1分経ったら葉や蕾の部分とささみ、レモンの薄切りを入れて火を止める。器に盛り、オリーブオイルを回しかけて完成。

Recipe by Chisato Maruyama

作ると楽しい、季節のレシピ　　　　　　　　　　　Delicious & Fun

26

3 ｜ March

86 / 365

新玉ねぎのスチーム

シンプルながら、新玉ねぎの甘味とチーズが
ものすごく良い仕事をするレシピです。

材料（2人分）
・新玉ねぎ…1個
・パルミジャーノ・
　レッジャーノ…適量
・オリーブオイル…適量

1. 新玉ねぎは外皮をむいて、中まで火が通るように4分割に切り込みを入れる。蒸し器、又はレンジで8分ほど蒸す。（レンジの場合はラップをかけて600W）
2. 新玉ねぎが透明になったら、お皿にのせる。1枚ずつ剥がしても、そのままでもどちらでもOK。
3. パルミジャーノ・レッジャーノをスライサーで削り、②の上に散らす。
4. オリーブオイルを回しかけて完成。

Recipe by Ayaka Mitsutoshi

少し先の楽しみを仕込む　　　　　　　　　　　Delicious & Fun

白ワインが進む、ハーブバター

27　　　　　　　　　　　　　　　　　　28

3 — March

87-88 / 365

レモンディルバター

パンはもちろん、焼いたサーモンやステーキにのせても◎ 爽やかな香りが鼻に抜けて絶妙です。

材料
・バター…50g
・レモンの皮…1/2個分
・ディル…2、3本

1. バターを柔らかくして、ヘラで練る。
2. レモンの皮を擦ったものと茎をとったディルを①に混ぜ合わせる。
3. ラップにのせ、端をねじって転がし、棒状に整える。
4. 冷蔵庫でしっかり冷やせば完成。

ガーリックハーブバター

間違いのない美味しい組み合わせ。食べる時にお好みで岩塩をかけてどうぞ。

材料
・バター…50g　　・タイム、ローズマリー
・レモン…少々　　　…2,3本
・にんにく…1片　・岩塩…適量

1. バターを柔らかくして、ヘラで練る。
2. にんにくとハーブをみじん切りにする。
3. フライパンでバターの一部とにんにくを弱火にかけよく香りが出たら、ハーブを追加し、少ししたら火を止めてレモンを絞る。
4. 粗熱がとれたら、①のボウルに混ぜ合わせる。
5. ラップにのせ、端をねじって転がし、棒状に整え冷蔵庫でしっかり冷やし完成。

Recipe by Mayuko Suzuki/Moe Murakami

定番にしたいおやつ　　　　　　　　　　　　　　Delicious & Fun

ブランチにもなる、スペシャルなおやつ

29

3 — March

89 / 365

もちもちのクレープ生地

薄く焼き色をつけたクレープは、ふんわり柔らか。
しっかり焼き色をつければパリッとしたクレープになるので、
お好みの焼き加減を見つけてどうぞ。

材料（6枚分）
- 薄力粉…100g
- グラニュー糖…大さじ1
- 卵…1個
- 牛乳…250ml
- バター…10g
- 油…適量

1. ボウルに薄力粉、グラニュー糖を入れ、混ぜ合わせる。
2. 卵を入れて混ぜ、牛乳を少しずつ加えながら混ぜ合わせる。
3. バターを別の容器に入れてふんわりとラップをかけ、600Wのレンジで20秒ほど加熱して溶かす。
4. ②に③を加えて混ぜ合わせたら、ラップをして冷蔵庫で30分以上寝かせる。
5. 弱火で熱したフライパンにキッチンペーパーで油をひき、生地をおたま1杯ほど入れ、薄く広げて焼く。（弱火で熱した後、一度火から外して生地を流し込むと、焦らずに薄く伸ばせます。なるべく素早くフライパンを回して伸ばすのが◎）
6. ひっくり返してさっと焼く。
7. シュガーバターなどお好みのトッピング（分量外）で楽しめば完成。

Recipe by Mayuko Suzuki

定番にしたいおやつ　　　　　　　　　　　　　　　　Delicious & Fun

30

3 ― March

90 / 365

いちごのクレープシュゼット

基本のクレープ生地を使ってちょっとリッチにアレンジ。
いちごソースで煮ると、クレープがよりもっちりとします。

材料（1人分）
- クレープ生地…2枚
- いちご…中8個
  （100gくらい）
- グラニュー糖…大さじ2
  （甘さ控えめなら大さじ1）
- バター…10g
- 白ワイン…80ml
- バニラアイス…適量

1. いちごを4等分にし、グラニュー糖をまぶして30分ほどおく。飾りのいちごは1つとっておく。
2. フライパンにバターを溶かし、①と白ワインを加えて、弱火で5分ほど煮る。
3. クレープを4つ折りにして入れ、1分ほど煮る。
4. 皿に盛り、バニラアイスといちごを飾れば完成。

Recipe by Mayuko Suzuki

How to enjoy your picnic in April

1 小さな頃、ツツジの花の蜜が吸えることや、つくしが食べられると知った時に感じた気持ちを"心強い"と表現するのが正しいのかは分かりませんが、自然の中で出会うものの名前を知っていること、扱い方、その効能を知っていることは、人間が作った資格や点数とはまた違う、湧き出る自信を与えてくれます。ハーブはそれを感じるのにとても身近な植物です。沢山ハーブが生えているようなお庭でピクニックができるなら、サンドイッチをピリッとさせるために、その場でナスタチウムを摘むのも素敵ですが、それが叶わない時は"今日の分のハーブ"を束で持って行って、少しずつ収穫して味わうのがおすすめです。4月は、ピクニックという言葉が生まれた月なのでは…？と思うほど、太陽の優しさ、風の心地よさ、花の可憐さ、どこをとってもまたとないベストシーズン。前々から予定するほど大げさにもせず、デイリーにピクニックを楽しみたい時です。

季節のピクニック　　　　　　　　　　　　Season & Nature

ハーブを楽しむピクニック

2 ファッションや花のアレンジでも、"同色系"で合わせるというのはなんだか少し上級者のようで、わくわくします。同じ緑でも自然の中には様々な色が存在していて、モスグリーンにミントグリーンだけでなく、ズッキーニグリーンや芝生グリーンなど、自分なりの表現を楽しんでみると、感性のアンテナが磨かれていきます。

3 「この香りに包まれると気持ちが優しくなる」「あのお茶を飲むと身体の調子が良くなる」など、そういったことは、かつては"おばあちゃんの知恵袋"だと言われていたかもしれませんが、近年はフィトテラピーなどとも呼ばれ、植物の力が見直されてきています。好きだと感じるハーブの名前をひとつずつ覚えていくと、少しずつ知識がつながっていく気がします。

季節の植物　　　　　　　　　　　　　　　Season & Nature

王道を楽しむ、新年度

4

Marguerite Daisy
マーガレット

名もない花の絵を描こうとした時、多くの人がイメージする王道のビジュアルを持つマーガレット。きちっと切り揃えるのではなく、花畑に咲いていたところを想像して、のびのびと飾ってあげると部屋が可憐に。花言葉のひとつに「優しい思い出」。

5

Sweet Pea
スイートピー

「蝶のように飛翔する」「門出」など、この季節にふさわしい花言葉を持つので贈り物にもぴったり。近年は色水を吸わせた種類も増えていて、自然界ではありえないようなブラウンやベージュなども登場しているので、お洋服のように楽しめます。

6

**野花遊びは、
密かな自信をくれるかも**

毎日うまくいくことばかりではないけれど、芝生の上に座って好き放題に咲き乱れるシロツメクサを摘みながら花冠を作っていると、誰に説明する必要もない自分だけの楽しみを知っているような気持ちになります。無意識のうちに他人と比較して疲れた時は、野原へGO…！

4 — April

94-96 / 365

Season & Nature

自分だけの小さな庭を作る

7 家でできる小さな菜園は、豊かさと楽しさを与えてくれて、それでいて、褒められることの少ない、大人の私たちに少しの自己肯定感をくれるもの。マンションのベランダでも、一軒家の小さな庭でも、なんならキッチンの片隅でも、少しのスペースさえあれば始められる"自分だけの庭"。夕飯前にその晩使いたいハーブや野菜を収穫してキッチンに立つ時間は、至福そのものです。時間と気持ちにゆとりがあれば、丁寧にガーデニングを楽しみたいところですが、まずはすぐに使えて楽しさを日々実感できるキッチンハーブがおすすめ。

抜け感を出してくれる「赤軸ソレル」

レモンのような酸味があって、文字通り葉脈が赤いので、一枚入るだけでお皿が締まります。卵とソーセージという定番朝ごはんにまで抜け感が出ます。

絵本のように仕上がる「ワイルドストロベリー」

葉っぱの先がギザギザしていて、ウサギの物語に紛れ込んだかのような絵本っぽさ。市販のいちごにこの葉っぱだけを合わせても可愛いです。

エスニック料理に便利な「パクチー」「ミント」

ナンプラーやライムを使うようなエスニック料理の日にあると嬉しいハーブたち。わざわざ買わなくても追いパクチーができる喜びったら…！

もっと、家を好きになる　　　　　　　　　　　　　　Season & Nature

8

なくても困らないけど、あると圧倒的に嬉しいものが、エディブルフラワー！その名の通り、食用として楽しめるお花のことですが、これがあるとケーキのデコレーションからサラダのトッピング、ドライにしてクッキーや調味料に使ったりと、突然楽しい一皿を作りたくなるのです。ハーブに咲く花や、ビオラなどの小花を選ぶのが可憐な雰囲気になるポイント。味はクセのないものが多いので、意外と使い勝手抜群です。

4 ― April

98 / 365

まっさらなケーキも、エディブルフラワーとベリーをあしらうと一気に夢のような焼き菓子に。シフォンケーキやパウンドケーキにはアイシングした後にトッピングすると◎。

氷を作る時にエディブルフラワーを入れるとカラフルなアイスキューブに。普通のジュースや炭酸水も、おもてなし仕様になります。

ボリジの花をポタージュのトッピングに。食材で青いものはほとんど存在しないので、爽やかなワンポイントになります。

朝の時間の過ごし方　　　　　　　　　　　　Time & Environment

心の声が、ほしがる朝

9　人間には3つの声があるそうです。頭の声は「ねばならない」という義務感、心の声は「したい」「ほしい」という欲求、そして身体の声は身体の状態やコンディション。朝早く起きたいという目標があるのに、布団から出られないのはなぜなのだろう…と考えてみると、この3つの声のうち義務感のみしか働いていないからかもしれません。だからこそ大切なのが残りの2つの声。そして、心の声は今日からだって向き合うことができるのです。そのためには目標に「欲望」を作ること。「あれをしなければならない」だけで起きられないのであれば、「絶対に明日の朝はあれがしたい…！」を見つけるほうが近道です。起きるのが楽しみになる朝食を準備しておくのはもちろん、お気に入りの器を準備しておくのも◎。「あの器の活躍する姿が見たい！」があると、わくわくしてくるから不思議です。それぞれに新生活が始まる4月は、リズムがつかめなかったり、張り切りたいのに気持ちがついていかないこともあるかもしれません。できないことに悩んだ時は、やりたいことに向き合ってみるのがおすすめです。

日常の延長線にある旅

Time & Environment

絶景の中に入り込む旅

10 遠くから見る絶景ももちろん素敵ですが、景色の一部になれるのも粋な楽しみ方。きっと長い年月の間、この変わらない景色の中で多くの人が心を打たれてきたであろう場所に立つと、不思議と「写真を撮りたい」というよりも「歌を詠みたい」気持ちになります。「残す」よりも「感じたい」が強くなるのかもしれません。

4 — April

100 / 365

開湯1300年、加賀の渓谷にある山中温泉の鶴仙渓川床。圧倒的な景色の中で、自分が生きている日々は、歴史上の長い年月の中の一瞬なのだと感じることができます。深緑に紅葉、川のせせらぎを聴きながらいただくお抹茶。長く愛される場所には、まさにピクニックな時間が流れています。

眠れぬ夜の過ごし方　　　　　　　　　　　　Time & Environment

気の抜ける映画リストを作っておく

11

ハードだった1週間を切り抜けて打ち上げ気分の金曜の夜、子どもが早く寝てくれた時、翌日早起きする必要のない日…。なんとなくこのまま寝るのは惜しいな、なんて思う夜には、自分を甘やかせる映画ナイトを。突然そんな時間がやってきても迷わないように、寝る前の映画リストを作っておきましょう。

4 — April

Movie List for Bedtime

1.

2.

3.

途中で寝落ちてしまっても心地よい余韻が残る　寝る前のおすすめ映画

「パターソン」

妻にキスし、バスを走らせ、愛犬と散歩し、バーで一杯だけ飲んで帰る。そんな一見変わり映えのない主人公の日々から、日常の愛しさを気づかせてもらえる作品。

発売元：パップ ©2016 Inkjet Inc. All Rights Reserved

「ミッドナイト・イン・パリ」

真夜中のパリで、憧れの1920年代と行き来する小説家を描いたロマンティックコメディ。ビンテージな雰囲気や心地よい音楽に包まれて、夢見心地になる作品。

約束する、予約する

12 気になっていたイベントやアート展は気づくと会期が終わってしまっているし、誰かと会いたいと思っても予定調整がうまくいかない、ということが多々あります。そこに、たまたま部屋が散らかっていたり、良くないことが重なると、なんだかもう絶望してしまって、自分は何もできていない…！と、悲観的になってしまうかもしれません。それを他人にわがままだと言われても、悲しみや辛さは自分だけのもの、相対的に見ることなんて到底できないのです。でも、"いつも楽しそうな人"は勝手に楽しくなっているわけではなく、毎日が楽しくなることに貪欲です。待っていても誰かが突然救い上げてくれることはないので、自分で状況を変えるしかありません。おすすめの方法は、今日は"約束する、予約する"という予定を作ること。たった２時間でいいので、何かの合間ではなくしっかりと集中して、自分の気になっていたものを改めて調べ直し、予定に入れたり、気になっていた人に連絡をしたり、約束をしてみる。そうすると、状況がぐっと動き出して、正体の見えなかったモヤモヤがすーっと晴れていくはずです。

会話が楽しくなる言葉

13「オリジナルで複雑なコースがいい」

誰かの功績を素直に称えられない時はひたすらに自分だけの喜びに向き合ってみる。それが多いほどに、自分の道はセグメントしやすい一般的なコース名ではなく、自分だけのオリジナルでスペシャルなコースとなり、比較しやすいパラレルワールドとの距離はどんどん離れて、誰かの成功を祝福できるようになるはずです。

14「今日の微調整が明日を変える」

衝突が多くなってしまったことを"今だけ"と思っていても、関係というのは変わりゆくもの。何年も続けば、"前みたいに"とはいかず、気づけばこれが"新しい関係"になってしまうことだってありえます。だから深刻に課題提起するよりも、日々の微調整で明日は少し変わるかもしれません。

目の前の景色が変わる言葉　　　　　　　　　　　Happy Idea

15

「 反対側の景色が
あるかもよ 　　」

4 — April

105 / 365

トントン拍子に見える人だって、「トン」と「トン」しか映されていないだけで、実はその間には様々なドラマがあるはずです。見えていない部分を想像することができれば、きっと次会う人に今よりもっと優しい言葉を選べるはずです。

「いいなぁ」は、そのままにしない

16

「学ぶ」という言葉を聞くと、その語源が「真似ぶ」だということを定期的に忘れそうになってしまいますが、これを常に覚えておくと健全な心でいられます。日々、誰かの輝かしい発表と立派な自己啓発ワードに囲まれていると、どうも自分ひとりで成長しなければいけないと焦ってしまったり、自分だけが置いていかれるような気持ちになることもありますが、本来は誰もがあらゆるものから影響を受けて生きているのだから、真似びながら学んで、成長すればいいのです。

素敵な人やものに出会った時に「いいなぁ」という気持ちが芽生えるのは悪いことではありませんが、それをそのままにしておくとコンプレックスに成長し、やがてそこに少しの負の気持ちが混ざってしまうようなこともあるかもしれません。

特に、パラレルワールドの自分がちらつくライフステージならことさらです。「あの時あの選択をしていれば、今頃私も…」「本当に私はこれでよかったのかな」などと、変えられない過去を悔やみ、比べやすい対象を目の当たりにして落ち込んでいる自分を知って、その事実にさらに落ち込んでしまったりと、それこそまさに負のスパイラル。

そんな時は素敵だと思った気持ちは素直に受け止めて、その要素を自分なりに噛み砕き、「どうしたら自分に取り入れられるかな」と考えてみる。そうすると、そこに初めて素直な真似ぶ思考が働いて、学ぶべき要素を自分のものにできるのだと思います。新しい出会いが増えるこの季節は、いつも心の中に真似ぶの心を。

感情とセットで買えば、宝物になる

17

ピンポイントな用途だと思われるものが家にあれば、それを買った時のことを思い返してみてください。他人には理解できなくたって、きっと、当時の自分は、それがある生活を想像して胸を躍らせて、具体的なストーリーを描いたはずです。

初めて高知の日曜市に行った時の衝撃は忘れられません。もともと、生産者さんから直接買うことができるマーケットのようなものは好きでしたが、高知の日曜市は群を抜いています。高知城に続く筋を、約 1km に渡って 400 軒以上並ぶテント。その下にはおばあちゃんから子どもまで、実に様々な人が店頭に立っていて、そうやってずっと切磋琢磨されてきたからなのか、品揃えや陳列の方法も狙い過ぎず、だけど編集されていて、すごくリアルで美しくて面白いのです。そして、こんなことが毎週日曜日に当たり前のように起きているのに（しかもなんと、300 年以上も！）、同じ日本に住みながら、何も知らないまま過ごしていたんだ…。私はまだまだ知らないことが沢山あるんだ！という、言葉にしきれない好奇心の種を見つけた気がしました。そこで、沢山のフルーツと、丸みを帯びた小さなクジラの包丁を買いました。幼かった娘のファーストナイフとして、輝いて見えたのです。これを機に夕食後のフルーツカットは 3 歳の娘が担当してくれるようになり、今ではすっかり料理が好きな女の子になりました。キッチンの引き出しを開けて幸せな気持ちになるたびに、こういう買い物をもっと増やしていきたいな、なんて思います。

知っていると楽しい思考術　　　　　　　　　　　　　　　　Happy Idea

誰も1位じゃない、森での生活

18 私の通った小学校は、1〜2年生の中庭、3年生の森、高学年の屋上といったその年齢だけが楽しめる遊び場があって、ひたすらに長く感じた小学校生活もそのおかげでいつでも進級するのが楽しみでした。中でも特に印象に残っているのが"3年生の森"。斜面上に広がる森の中では、子どもたちがそれぞれに好きな場所で基地を作ってお店屋さんをしていたのですが、驚くべきことに独自の通貨が流通していたのです。もちろん本業（？）は小学生なので、授業の合間の休み時間と放課後だけが私たちに許された時間でしたが、基地の中を整えるための椅子と称して切り株だけを販売するお店、アクセサリーのような小さな木の実を売るお店、花屋さんなど、それぞれに工夫しながら、上手に区画を作ってお店を営んでいました。通貨の基本はメタセコイヤの実で、1つ100円。立派な切り株なんかは1000円で売られていたので、大人になった今もこの実が落ちていると「100円が落ちている！拾わなければ…！」という衝動に駆られるほどです。このルールを誰が決めたのか、母校で今もそれが行われているのかは分かりませんが、ここで自分の作った花束を喜んで買ってもらえたことや、基地が素敵に作れたことは間違いなく私にとって原体験になっています。みんなで同じ正解を求めるゲームとは違って、自然の中にはひとつの正解がありません。テストのように点数がつくこともありません。だからこそ、そこでの成功体験は誰とも比較ができず、唯一無二の自信になっている気がします。新生活の春、少し疲れた時は人目も気にせず野原で裸足になって寝転んで、自然の中でのユニークな視点を楽しんでみることを強くおすすめします。

嫉妬とユーモア

19　「嫉妬」を醜いとか悪いものだととらえることがありますが、「嫉妬」にこそヒントが潜んでいます。どれだけ普段から正論に触れて、「こうあるべきだ」を学んでいたとしても、ふと生まれてくる「嫉妬」には自分の本音が隠されているのです。そんな時、自分の心を保つために対象を否定したり、はたまたその気持ちに蓋をしようと努力したりと、人は「嫉妬」に必死で争いますが、生まれたてのニューボーン「嫉妬心」に一度向き合ってみると、そこには自分なりの"不器用な称賛"が住んでいることに気づきます。自分の感情にそれぞれ顔があるとしたら、不器用な称賛しかできないそのキャラクターを、母親か、担任の先生になったつもりで抱きしめてあげてください。そして個人面談をするかのように、問いかけてみるのです。どこを羨ましいと思ったのか、なぜずるいと思ってしまったのか、自分の何と比べてしまったのか、参考にして自分にできることはないのか、じっくりと話を聞いてあげる。そうすると嫉妬心とセットで存在していた、自分の中にある弱さや触れたくない部分にやっと気づくことができます。そうやってどちらの気持ちも認められた時に嫉妬心は昇華され、今自分ができることを探そうとする活力に変わるはずです。「スターウォーズ」のダースベイダーだって、昔はアナキンスカイウォーカーだったし、史上最強の魔女「マレフィセント」もかつては心優しい森の妖精でした。感情を擬人化させるユーモアの心で、問題児を隠すのではなく、ニューボーンの時点で面談をしてあげると「嫉妬」は必ずしも悪いものではなくなるはずです。

すぐにできる、切り替えスイッチ　　　　　　　　　　　　　　　Happy Idea

何もない自分を愛でるために

4 — April

110 / 365

20
「 口笛を吹く 」

人目も気にせず口笛を吹いてみると、色々なことが気にならなくなります。というよりも、意外と誰も人のことなんて気にしていないというシンプルなことに気づけます。

すぐにできる、切り替えスイッチ

Happy Idea

21「 裸足になる 」

4 — April

芝生や川、自然の場所に行ったら裸足になるのがおすすめです。普段感じない感覚を研ぎ澄まされて、香りも音も鮮明になり、自分も自然の一部だったということを思い出します。

22

111-112 / 365

「 持ち物を把握する 」

自分の家の中で一番古いもの、今一番お気に入りのもの、何度もリピートしているもの…。当たり前になっている自分の持ち物とそれに対する感情を今一度把握してみると、自分の中の変わらない部分と変わった部分を知ることができます。

誰かのために準備すること　　　　　　　　　　　Happy Idea

いざという時の、SOMEONE BOX

23　受け取る相手も負担にならない手頃なギフトを多めにストックしておくと、さっと贈ることができて便利です。借りていたものを返す時、ちょっとした書き置きをしたい時、贈り物というほどではないけれど、何か少しだけ気持ちを添えたいなと思う時に、活躍してくれます。

たとえばコーヒーのドリップバッグや楽しいティーバッグ、フェイスマスク、おしゃれなのど飴など、消費期限も長く、渡された相手の元に形に残らないもの。SOMEONE BOXと名付けた大箱の中に少しずつそんなものを入れておくと、まるで宝箱のように思えてきます。小さな頃は誰かからもらったものや手に入れたものを集めるのが宝箱だったのに、今度は誰かに渡すものを集めて、これからやってくる未来の出会いを楽しみにする。これもある種の、大人の宝物なのかもしれません。

4 | April

作ると楽しい、季節のレシピ　　　　　　　　　　　Delicious & Fun

定番にしたい、お花見弁当のレシピ

4 — April

114 / 365

桜おにぎり

桜の塩漬けを使った、華やかな簡単レシピ。
刻んだたくあんがアクセントになります。

材料（3つ分）
- 桜塩漬け…10本
- ごはん…お茶碗2杯分
- たくあん…大さじ2

1. 桜塩漬けをさっと水にはなす。
2. ①の水気を拭き取り、形の良いものは飾り用に取っておいて、残りは刻む。
3. ごはんに刻んだ桜、みじん切りにしたたくあんを加えてさっくり混ぜる。
4. ラップでくるみ、好みのおにぎりの形に整えて完成。

Recipe by Yukiko Masuda

作ると楽しい、季節のレシピ　　　　　Delicious & Fun

4
—
April

3色の串揚げ

衣は薄くつけると、食材の色が透けて見えて可愛いです。
桜おにぎりとお弁当箱に詰めれば、お花見弁当の完成。

材料（約10本分）
・赤いソーセージ…3個
・芽キャベツ…6個
・うずら卵水煮…適量
・豚肉トンカツ用…1/2枚
・牛乳…大さじ6
・小麦粉…大さじ4
・パン粉…適量

1. ソーセージは横半分に切る。
2. 芽キャベツは水少々を入れラップをし、レンジで2分加熱しておく。
3. 竹串にソーセージ、芽キャベツ、うずらの卵を刺す。
4. 豚肉もころんとしたサイズにカットし、別の串に刺していく。
5. グラスなどに小麦粉と牛乳を入れ、よく混ぜ合わせる。
6. 串を⑤にくぐらせ、パン粉をまぶす。
7. ③の串をこんがり色づくまで、④はじっくり火を通しながら揚げたら完成。

Recipe by Yukiko Masuda

作ると楽しい、季節のレシピ　　　　　　　　　　　　Delicious & Fun

26

春キャベツとしらすの春巻き

柔らかくて甘い春キャベツは、少し塩気があると味が締まります。
レモンをキュッと絞ってディップを付けてどうぞ。

材料（6本分）
- 春キャベツ…1/4個
- しらす…80g
- 片栗粉…大さじ1
- 塩…小さじ1
- 春巻きの皮…6枚
- 油…適量
- レモン…適量

【A】
- 薄力粉…小さじ1
- 水…小さじ2

おすすめディップ
- 桜の塩漬けのみじん切り
- 柚子胡椒マヨ(柚子胡椒小さじ1/2、マヨネーズ大さじ1)

1. 春キャベツは太めの千切りにし、塩をまぶしてしんなりとするまで置く。**A**は混ぜ合わせておく。
2. 春キャベツの水気をしっかりと絞り、片栗粉を入れて混ぜる。
3. 春巻きの皮に6等分した②としらすをそれぞれのせて巻き、巻き終わりに**A**を付けてしっかりととめる。
4. フライパンに油を2センチほど入れ、キツネ色になるまで揚げる。レモンを添えて完成。

Recipe by Mayuko Suzuki

少し先の楽しみを仕込む　　　　　　　　　　　Delicious & Fun

ハーブが香る、オイルとビネガー

27　28

ハーブオイル

漬け込むハーブは1種類でも複数ミックスしてもOK。パスタやサラダに絡めるだけでワンランク上の味わいに。

材料
・オリーブオイル…200ml
・好みのハーブ…2、3本（ローズマリー、タイムなど）
・にんにく…1片

1. ハーブを軽く洗い、ペーパータオルでよく水気を拭き取る。にんにくはみじん切りし、ハーブも適度にカットする。
2. 清潔なガラス容器に①を入れ、完全に浸るまでオイルを注ぐ。
3. ふたをしっかり閉め、室内で2〜3週間置き、香りがしっかり移ったら完成。ハーブは取り除く。

ハーブビネガー

ドレッシングやピクルス液に使うと豊かな味わいになります。
はちみつや炭酸、お湯で割ってビネガードリンクとしても。

材料
・アップルビネガー…200ml
・好みのハーブ…2、3本
　（タラゴン、ミント、ローズマリーなど）

1. ハーブを軽く洗い、ペーパータオルでよく水気を拭き取る。
2. 清潔なガラス容器にハーブを入れ、ハーブが浸るまでビネガーを注ぐ。
3. ふたをしっかり閉め、室内で2〜3週間置き、香りがしっかり移ったら完成。ハーブは取り除く。

定番にしたいおやつ　　　　　　　　　　　　　　　Delicious & Fun

美味しいお茶と楽しみたい、桜のお菓子

桜が香る、あんことクリームチーズのマフィン

桜、あんこ、チーズのバランスがクセになる、欲張りなマフィン。
クリームはラフに塗ってもかわいく仕上がります。

材料（6個分）

- 桜の塩漬け…12枚
- バター…30g
- きび糖…30g
- あんこ…100g
- 卵…1個
- 牛乳…50ml
- 薄力粉…120g
- ベーキングパウダー
　　…小さじ1

【A】

- バター…20g
- 粉砂糖…大さじ3
- クリームチーズ…80g

1. 桜の塩漬けを20〜30分水に浸し、塩抜きして水気をきる。半量をみじん切りにし、残りは飾り用にする。
2. 室温に戻したバター、きび糖を白っぽくなるまで泡立てる。
3. あんこ、卵、牛乳を順に加えて混ぜ合わせる。
4. 桜の塩漬けのみじん切り、薄力粉、ベーキングパウダーをふるって加え、ヘラでさっくりと混ぜ合わせる。
5. 型に入れ、180度に予熱したオーブンで30分ほど焼く。
6. クリームを作る。**A**をなめらかになるまで混ぜる。
7. 粗熱が取れたマフィンにクリームをたっぷりと塗り、桜の塩漬けを飾れば完成。

Recipe by Mayuko Suzuki

定番にしたいおやつ　　　　　　　　　　　　　　　Delicious & Fun

30

桜あんと苺のシフォンケーキ

市販の桜あんを使えばデコレーションは簡単。
春生まれの方へのバースデーケーキにも。

4 — April

材料

（17cm シフォンケーキ型 1 台分）

- 卵黄…4 個分
- きび糖(1)…20g
- サラダ油…60g
- 水…大さじ 2 と 1/2
- レモン汁…10g
- バニラエッセンス…適量
- 薄力粉…80g
- 卵白…4 個分
- きび糖(2)…60g（メレンゲ用）

【デコレーション】

- 桜あんペースト
- 粉砂糖
- いちご
- 飾り用ハーブ

下準備

・オーブンは 170 度に温めておく。・薄力粉はふるっておく。

1. 卵黄ときび糖(1)をボウルに入れ、泡立て器で白っぽくなるまで混ぜる。
2. 油、水、レモン汁、バニラエッセンスの順に入れよく混ぜる。
3. 薄力粉を加え泡立て器でしっかり混ぜる。
4. 別の容器で卵白を泡立て、きび糖(2)を 3 回に分けて入れて泡立て、固めのメレンゲを作る。角がピンと立てば OK。
5. ③のボウルに④の 1/3 量を入れ、泡立て器で混ぜる。残りの 2/3 も加え、ゴムベラでさっくりと切るように混ぜ、シフォン型に流す。
6. 170 度に温めたオーブンで 35 分焼く。焼き終えたら、型に入れたまま瓶などにさして逆さにして冷ます。熱がとれたら、パレットナイフ等でまわりに切り込みを入れ、型から外す。
7. シフォンケーキの上に粉砂糖をふりかける。
8. 桜あんペーストを好きな口金で絞り、苺やハーブなどで彩りよく飾ったら完成。

120 / 365

Recipe by Risa Shimizu

5 May

1 　春と夏の良いところ取りで、長時間のんびりと自然を楽しむことができるのが5月の魅力。もちろん、遠くへピクニックに行ってもいいのですが、自分のこだわりをめいっぱい詰め込むなら、実は自宅のテラスや庭を舞台にするのがいちばん。焼きたてのパンや、スイーツ、収穫したてのフレッシュなハーブ、それから音楽にクッション、読みかけの本など、大変な移動をすることなく出たり入ったりしながら、季節を満喫することができるのです。多くの人が、大なり小なり変化をしながら春の新生活を乗り越えて、ふと立ち止まることができるのがこの時期。本来自分が大切にしたい時間を思い出すためにも、好きを詰め込んだピクニックを取り入れてみるのがおすすめです。「そうだった、そうだった」なんて確認するかのように、心地よい時間が流れていくはずです。

季節のピクニック Season & Nature

庭やテラスで、ピクニック

2 ブルーベリーやブラックベリー、ジュンベリーなど、初夏に出回るベリー系の枝に出会えたら、色のグラデーションがあるものを選ぶのがおすすめです。色づいていく過程には瑞々しさと初々しさがあって、食卓に飾ると青春を見ているようで元気をもらえます。

3 基本的にカラフルな色は食材に任せるのが◎。また、プロシュートとプラム、アンティーク皿のリムとブルーベリーなど、トランプの「神経衰弱」のように色合わせをしながら選んでみると全体が馴染みます。照明に蛍光灯と白熱球があるように、白い器にも色々種類があるので、使う"白同士"のトーンが合っているかを確認すると、より心地の良い食卓になります。

季節の植物　　　　　　　　　　　　　　　　　Season & Nature

服では選べない色は、花で選ぶ

4

Lilac
ライラック

「恋の芽生え」の花言葉を持つライラックが出回ると、初夏の訪れ。北海道ではこの花が咲く時期にもう一度寒くなることを"リラ冷え"（仏語で"リラ＝ライラック"）と呼びます。その土地特有の季語を知るのも人生の楽しみ。

5

Blue Daisy
ブルーデイジー

「サムシングブルー」と言われるように、青は幸せを象徴するカラーだと言われています。植物の中では珍しく青い花を咲かせるこの花の花言葉は「幸運」「恵まれている」など、ハッピーなものばかり…！

5
—
May

124-126
／
365

6

抱えて持ち帰ると、すっかり物語気分

花屋さんで気になる花をいくつか選んで、その後に大変な用事がなければ袋に入れてもらわずに抱えて持ち帰るのがおすすめです。花束を持って歩いているとなんだか楽しくなって、いつもと違う道を通ってみたり、美味しいパンを買って帰ったりと、些細な行動を後押ししてくれるはず。

もっと、家を好きになる　　　　　　　　　　　　　　　　　　Season & Nature

部屋の中の、小さな違和感に向き合ってみる

7　人によって心の整え方は様々かもしれませんが、「できていないこと」に囲まれすぎると、いくら抹茶を飲んでも瞑想しようとしても、心が落ち着かずそわそわしてしまうもの。だからこそ、延々と増え続けていく日々のタスクとは別に、ベースとなる住空間をある程度満足できる形にしておくのは、精神衛生上とても重要です。
「これは一時的な仮の住まいだ」「次、もし引っ越すなら〜」なんて気持ちに蓋をして毎日を過ごしていると色々なことがどうでもよくなってしまうので、大切なのは諦めないこと！（体育会系みたいですが…）大掛かりなアップデートをしなくても大丈夫。できる範囲で小さな違和感に向き合って改善し、ひとまず「うん、いい感じ」と住環境に納得できると、気持ちが楽になり、最終的に暮らし全体の効率が良くなることだってあるはずです。時間やお金を沢山かけずとも、「なんか嫌だな」と思ったまま、「いつか」と諦めてしまっていることがあれば、次の週末にでも改善を試みてみてはいかがでしょうか。

もっと、家を好きになる　　　　　　　　　　　　　　　　Season & Nature

8

もう見慣れてしまって、もはや違和感すら忘れてしまった…なんて方は、やらなくても不便ではないけれど、やってみると「しっくりきた！」と実感できるちょっとしたアップデートを試してみるのがおすすめ。ひとつ手を加えると、「そういえばここも…！」と改善点がどんどん浮かんでくるかもしれません。

電球の色やワット数を変える

勉強や仕事をするのには適さないけれど、リラックスしたい部屋には、あたたかみのある「電球色」が◎。また部屋の広さや照明数にもよりますが、20〜40W程度の照明にすると雰囲気のいいビストロのような明るさに。

5 — May

浮いているパーツを変える

特に賃貸や中古住宅だと、昔からついているスイッチやコンセントの色や質感が浮いていることも…。そんな時に便利なのがスイッチプレート。お手頃かつ賃貸物件でも付けられるものが多く、初心者のDIYにもおすすめ。

128 / 365

全体を重くしているところの色を変える

元の建具の色味が好みでない場合は、できる範囲で変えてしまうのも手。写真はどうしても昭和感が拭えない和室の黒い襖の淵に、木目調のマスキングテープを貼って部屋全体の雰囲気を明るくしたもの。

朝の時間の過ごし方　　　　　　　　　　　Time & Environment

フィルム映画のような優しい朝

9　家電も、食品メーカーも進化し続けるこの時代において、冷凍庫という存在はすっかりお守りストッカーになりました。いざという時にさっと焼けるピザやパイ、お取り寄せのおやつに作り置きなど、今までなら「冷凍だけど…」とやゝネガティブな印象があったかもしれませんが、もはや「ある、ある！冷凍庫に…！」という、救世主的存在です。少し時間がある時にスコーンやクッキーの生地を仕込んで、小分けにして冷凍しておくとしばらくの間心豊かに暮らせます。クッキー生地は、突然の来客や小さな子どもが遊びに来た時のお遊びコンテンツにも大活躍。スコーン生地を冷凍しておけば、昔の自分とハイタッチしたくなる素敵なバトンにもなってくれます。ようやく新緑が楽しめる爽やかな５月、フィルム映画の中のような優しい香りで始まる焼きたてスコーンのある朝時間、おすすめです。

初日にテーマを作る旅

10 1週間以上同じ街に滞在するような旅の初日は、1年における元日、1日における朝のように、旅のテーマを作ってくれる大切なタイミング。初めてパリを旅した時、現地の方から「ようこそ、楽しんで！」と、

30個入りのマカロンをいただき、今日から特別な時間が始まるんだ、とときめいたことが忘れられなくて、中長期的な旅の始まりには現実的な食材だけでなく、毎日を少しずつ楽しむためのおやつも準備します。マーケットには早めに行って、花瓶を買っておくと窓際に花も飾れるのでおすすめ。まるで毎週そうしているかのように花を買って朝ごはんを食べてホテルに戻ると、街の景色も少しだけ違って見えます。

眠れぬ夜の過ごし方　　　　　　　　　　　Time & Environment

翌朝起きるのが
楽しみになることを仕込んでおく

11

ドタバタと今日のタスクを終わらせてバタンキュー！もいいですが、たった10分でいいから、明日起きるのが楽しみになるような小さな準備ができると、さらに幸せな眠りにつけるはず。翌朝目覚めた時にも、前夜の自分に感謝すること間違いなしです。

5 — May

☑ **グラノーラを仕込む**

オートミール、はちみつ、オイル。基本の材料は単純で、そこに好きなナッツやドライフルーツを入れて焼けばオリジナルグラノーラの完成。忙しい朝にも最高です。

☑ **朝一番に見たい部屋を作る**

残業モードだった机を綺麗にしておく、花の水を替えておく、など、朝起きて一番に見る景色を心地よいものにしておくと、今日もいい1日にしよう！と自然と思えるはず。

自分を映画化してみる

12 今自分の身近にいる人、人生で影響を与えてくれた人、印象に残っている言葉など、今の自分を作っている要素を定期的に棚卸ししてみると、過去の事実は変わらないと思いきや、頭に思い浮かべるものが少しずつ変わっていることに気づきます。そして、そんなひとりワークの中に"自分の、ここ3年間の日常が映画化されるとしたら、なんていうタイトル？"というものを加えてみると案外発見があります。たとえばその映画の舞台はどこで、全体の色はどんなトーンで、タイトルのフォントはどんなもので、主な登場人物として誰が出てくるのか。映画だからといって、必ずしも地球を滅亡から救う必要もないし、突然現れた宇宙人と闘う必要もありません。なんてことのない日常が舞台の趣ある作品は沢山あります。このワークは、目標を書き出すことやマインドマップ作りとも違っていて、自分が人生において何を美学としているのか、今の自分からどこを抽出して自他に対して表現していきたいと思っているのか、分かっているようで分かっていなかった心の声にも出会うことができるのです。

目の前の景色が変わる言葉　　　　　　　　　　　　Happy Idea

自分の心を解く言葉

5 — May

133 / 365

13

「 小出しアウトプット 」

いいアイデアを思いついた時に、いつまでもそれを手元で握りしめて誰にも言わないでいると、いつのまにか煮崩れしたじゃがいものように形がなくなっていることがあります。アイデアの原石が生まれたら、機が熟すのを待たずに小出しにアウトプット。誰かに話してリアクションをもらってこそ、形ができていくものがあるはずです。

目の前の景色が変わる言葉　　　　　　　　　　　　　　　Happy Idea

14 「0か100じゃない選択肢」

なんとか決めないといけない、どちらにいってもつらい、そんな時にふと思い出してほしいのは、0か100だけでなく、その間にも何パターンも選択肢があるということ。もがいて苦しくて、それでもなんとか改善しようとする姿勢こそ、価値観が進化するチャンスです。

15 「どうせ演じるなら理想を」

何かに負い目があったり罪悪感を抱えている時に、「自分はダメな人なのだ」と思ってしまえば意外と楽で、つい悪い人を演じようとしてしまうことがありますが、やっぱりつらい気持ちは変わらない。どうせ演じるなら理想の自分を。演じるところから一生懸命現実を追い付かせていけばいいのです。

5 ― May

134-135 / 365

歩いてきた道を愛でなおす

16

ちゃんと楽しい時間を沢山過ごしたはずなのに、目の前にTODOが山積みで、公私ともにうまくいかないことが重なると、その前の楽しかった時間が存在しなかったかのように途端に絶望してすべてを放り出したくなる…という経験がある人は少なくないかもしれません。私自身もそうです。人間って本当にわがまま…！動物だったら、天敵に襲われずに毎日ちゃんと太陽が昇って食糧があるだけで十分なのに。それでも、複雑な感情は人間の特権。うまく付き合っていくほかありません。そんな時におすすめしたい対処法のひとつに、「カメラロールを開く」があります。シャッターを押しているということは、たとえ無意識だとしても「忘れたくない」と思った瞬間なのです。そんな尊い一覧を眺めていると、糸が解けるみたいにふわっと「そうだった、本当に楽しかったなぁ」と柔らかい気持ちになって、もう一度今の自分がいる場所にちゃんと向き合えたりします。要は、現状にいっぱいいっぱいになった時は、ちゃんと自分が歩いてきた道をかみしめながら、今いる地点を肯定してあげることが必要なのかもしれません。おすすめの視点は5つ。「美味しかったもの」「笑ったこと」「嬉しかったこと」「また行きたいと思った場所」「その時まで知らなかったこと」。写真を見ながら、その日のことを書き出してみてもいいかもしれません。そうすると、さっきまで色々なことを投げ出したくなっていたというのに、セラピーのように「案外私の毎日って楽しいじゃないの」と思えるから不思議です。

変化が怖い時は、小さな変化を楽しんでみる

17 誰かがとても速く進んでいるように見えたり、自分よりずっと元気に見えたり、したくなくても、比較しやすい私たちの生きる時代。大きな変化についていけていないような気がして、不安になることもありますが、そんな時は身近なところで小さな変化を楽しむのがおすすめです。小学校の頃、夏休みにアサガオの観察日記が宿題に出た方も多いかもしれませんが、今日の日記が書けるということはそれまでの状態をちゃんと把握している証でもあります。手のひらに乗せたアサガオの種が突然開花したら少し怖いけれど、土に埋めて毎日成長を見ていれば、それは喜びになるはずです。そんな時には、アサガオとは言わずともやっぱり植物がおすすめです。大きな観葉植物だけでなく、たとえば仕事用の机や食卓のように、頻度高く目が合う場所で、ローズマリーやミントを水耕栽培してみるなど。いつも水を綺麗に保ってあげれば、気づけば根が生えてきて、葉が増えたり落ちたりしながら、次々と新芽を出していくのが可愛くて。大げさかもしれませんが、小さな変化を楽しめるようになると、すべての事象は諸行無常だと思う癖がついて、変化は怖いものではなくなり、大きな変化や決断も楽しめるようになる気がします。

見たい景色は、まず想像する

18

初めてのスノーボードがうまく滑れなかった小さな頃、山の上のほうから「行きたい方向を見つめてー！」と大声でアドバイスしてもらったことを覚えています。行きたい方向をしっかりと見つめると、板がスーッと自然にそちらへ向かって行くのです。これは板を脱いでからも同じこと。ひょんな出会いから始まる楽しさもあるけれど、やっぱり見つめた先に、景色はデザインされていきます。

ある春の始まりに、私は新年度に合わせて自分の中にある興味を書き出し終えて、青山ファーマーズマーケットを散歩していました。そこで、味噌と糀、甘酒を出店しにきていた富山の味噌屋さんと会い、甘酒を試飲させてもらうと本当に美味しくて。聞けば、おばあちゃんが昔から作ってくれていた味で、これから味噌だけでなく甘酒もしっかり商品化していきたいとのこと。

直前に、ノートに「甘酒を研究したい、もっと日常に近い飲み物にしたい」と書いたばかりの私にとっては、前のめりにならざるを得ない話でした。それからは、富山県を訪ね試作を重ね、コンセプトを練って半年の月日をかけてその年の夏に共同開発させていただいた甘酒が誕生しました。

あの時、興味の可視化をしていなければ「美味しいですね」で会話は終わっていたかもしれません。よく「引き寄せの法則」なんて言葉も耳にしますが、興味が自覚できていなければ、引き寄せたことにも気づきません。文章になっていなくてもいいので、自分の興味をふんわりでも把握しておくことは、チャンスに気づき、ラッキーを作るのにきっと役立つはずです。

不安とユーモア

19 就職活動がことごとくうまくいかなくて、未来への希望も自信も何もかもが打ち砕かれてしまったことがありました。それでも毎日はやってくるもので、心が乱れたままインターン先の大きな会議室の机をひとりで静かに拭いていた時、突然身体の奥底から込み上げてきた感情とともに大量の涙がこぼれ落ちそうになりました。
その瞬間、私は何を思ったのかスマホを立てて、ひとりでマイケル・ジャクソンの「THIS IS IT」という映画のジャケットと同じポーズをして写真を撮ったのです。ただでさえ高い六本木のビルの最上階からは、どんな建物も小さく見えて、青空はどこまでも広がっていて、逆光のおかげで私の身体の輪郭はうっすらと消えて、なんだか本当にマイケルなのかと思うほど（大変失礼ですが）決まっていて、突然すべてが面白くなってしまった、というできごとがありました。
久々にそれを思い出したきっかけは、ワンオペで3人の子どもを育てている友達の話を聞いたこと。彼女はいつも綺麗で、やる気に満ち溢れて、それでいて落ち着いているように見えますが、話を聞いてみると、子どもたちを寝かしつけた後にお風呂を真っ暗にして、湯船に浸かりながら半分閉めた蓋の上で映画を観ながらビールとおつまみで晩酌をするという通称"コックピットごっこ"で 自分を保っている時があるのだそうです。 マイケルも彼女のコックピットも、おそらく"ひとりボケ"の瞬間。真面目に頑張っている自分が崩れ落ちそうになった時こそ、ツッコミどころのある自分の一面を愛でることで、否定されたのも自信をなくしたのも自分の一部にしか過ぎない、と気を取り直すことができるのです。普段気を張っている人ほど、誰がツッコんでくれるわけでなくとも、ボケる時間が必要かもしれません。

すぐにできる、切り替えスイッチ　　　　　　　　　　Happy Idea

新しい視点を愛でるために

5 — May

140 / 365

20

「 季節ビンゴを作る 」

アイスコーヒー、さくらんぼ、ライラック…！心の中で、今の季節の自分なりの風物詩をいくつかあげて、それに出会うたびに穴を開けていくように頭の中にビンゴを作って暮らすと、日々の目線が楽しくなります。

すぐにできる、切り替えスイッチ　　　　　　　　　　　　　　Happy Idea

21
「　風船を持つ　」

誰かへのプレゼントにアメリカ映画のように大きな風船を買って、それを手で運んでいると、どこからどう見てもハッピーな人で、気づくとハッピーな気持ちになっています。

22
「　日の出を見る　」

太陽が昇る瞬間が見られる場所へ行くと、1日というものにちゃんと始まりがあることを目の当たりにして、尊い気持ちで今日を始めることができます。

誰かのために準備すること　　　　　　　　　　　　　Happy Idea

これからの時間を特別にしてくれる贈り物

23 一緒に過ごす時間の始まりにインスタントカメラを持っていくと、今から流れる時間を共に作るのだ…！という気持ちが湧いてきて、突然わくわくしてきます。気軽に写真を撮ってスマホの中に記録が残せる時代に、カメラ本体にもお金がかかり、現像にもお金がかかるインスタントカメラを使うということは、もったいないと言ってしまえばそれまでですが、それだけ一緒に過ごす時間を楽しみにしているということを伝える手段でもあります。

また、回数の上限があるインスタントカメラは、シャッターを押す瞬間にいつもよりも意識がいきます。そのため、何に心が動いたのかということを自分自身もその場で自覚することができるので、自分ならではの視点をあらためて感じられて、相手にもそれが物理的に伝わるので、より色濃く温かいコミュニケーションの時間が過ごせます。

一緒に遊ぶメンバーの中に小さな子どもがいる場合は、その子たちに渡してみると、大人とは違う視点で思い出を残してくれます。すぐに掘り起こせるのに、存在自体がタイムカプセルのようなインスタントカメラは、今や特別の贈り物のひとつです。

May

作ると楽しい、季節のレシピ　　　　　　　　　　　　　　Delicious & Fun

わあ！と歓声が上がる、おもてなしの一皿

5 ― May

24

144 / 365

ごちそうサンドイッチケーキ

パン屋さんで角食パンを斤単位で買って、
耳まで切り落としてもらえるとベター。
ナイフでカットして見えてきた断面は、ごちそうそのもの。

材料（約8人分）
・食パン…1.5斤
・バター…適量
・マスタード…適量
・クリームチーズ…1箱
・サンドイッチの中身…適量
（アボガドディップ、スモークサーモン、紫キャベツの塩揉み、ツナマヨなどお好みで）

1. ナイフを食パンに対して横に入れて4-5等分にする。
2. 間にバターやマスタードを塗ってから好みの具材を挟んで重ねていく。
3. 最後の段までパンを重ねたら、室温で戻したクリームチーズをコーティングしていく。（かたくて塗りづらければ牛乳などで少しのばす）
4. 全面をコーティングしたら、ラップをして冷蔵庫で冷やし、形を整えたら完成。

Recipe by Moe Murakami

作ると楽しい、季節のレシピ　　　　　　　　　　　Delicious & Fun

25

5 — May

イカのぱんぱん焼き

イカに詰め物をして焼くイタリア料理「カラマリリピエーニ」を
おうち版で簡単に！　ワインがすすむパーティーレシピです。

145 / 365

材料（4人分）
- イカ…2杯
- 玉ねぎ…1/2個
- にんにく…1片
- イタリアンパセリ…2束

【**A**】
- ドライトマトペースト
  …小指の先程度
- アンチョビペースト
  …小指の先程度
- パン粉…小さじ1
- オリーブオイル…小さじ1
- 白ワイン…大さじ3程度

1. イカを胴体と足に分け、下処理をする（ワタをはずし、中身を洗い、水気を拭き取る）。
2. イカの足、イタリアンパセリ、玉ねぎ、にんにくをみじん切りにする。
3. ボウルに②と**A**の材料をすべて入れてよく混ぜる。
4. イカの胴体の中に③を詰めていき、爪楊枝で口を止める。
5. フライパンを熱し、オリーブオイルをひき、④を入れる。中火で両面焼き目がつくまで焼いたら、白ワインを入れて蓋をして弱火で10分ほど焼いたら完成。

Recipe by Ayaka Mitsutoshi

作ると楽しい、季節のレシピ　　　　　　　　　　　　　　Delicious & Fun

26

タコのホットカルパッチョ

熱したオイルを目の前でじゅわっとかけるライブ感が
おもてなしにぴったりです。

材料
- タコ（生食用）…1パック
- 塩…適量
- にんにく…1片
- オリーブオイル…適量
- ローズマリー、タイム…1本ずつ
- レモン…1/4程度

1. タコを食べやすいサイズにカットして塩をふり、皿に盛る。
2. にんにく、ハーブ類もみじん切りにしておく。
3. フライパンにオリーブオイルをひき、にんにくを熱して香りを出す。
4. ③にハーブ類も加え、少し香りを引き出したら火を止め、レモンを絞る。
5. ①の皿に④をかけたら完成。

Recipe by Moe Murakami

少し先の楽しみを仕込む   Delicious & Fun

心を癒す植物のお酒と、万能チンキ

27 野の花のお酒

スミレやたんぽぽなど、野の花々をお酒に。お花の甘い香りとエナジーは心身を深く癒してくれます。

材料
・摘みたての花…容器に 4/1 位の量
・氷砂糖…適量
・35 度以上のお酒…適量

1. 花を優しく洗い、水気をよくとる。
2. 清潔な保存瓶に①と氷砂糖を交互に入れる。
3. ②が隠れるくらいのお酒を入れる。氷砂糖が溶けたら完成。

28 薬草のチンキ

お好みの薬草をアルコールに漬けて作る濃縮液、チンキ。傷や火傷などのお手当てとして便利な万能薬になります。

材料
・薬草（皮膚トラブルや虫刺されに効果的なヨモギ、ドクダミなど）…適量
・35 度以上のお酒…適量

1. 薬草は洗った後しっかり水気を拭き取る。
2. 清潔な瓶に①を入れ、お酒をかぶるくらい注ぐ。
3. 密閉し、冷暗所に数ヶ月〜1年ほどおく。
4. 植物を濾し、抽出液を清潔な瓶で保存する。

Recipe by Kazuu

定番にしたいおやつ　　　　　　　　　　　　Delicious & Fun

ピクニックに持っていきたい、爽やかなおやつ

5 — May

149 / 365

29

焼きベリーのコブラー

思い立ったら鼻歌交じりに焼けちゃうシンプルなレシピ。
お好きな果物を入れてOKですが、ベリーがとろける美味しさは格別！

材料
(20cm バット 1 台分)
・いちご、ブルーベリー
　など…計 400g
・バター…100g
・グラニュー糖…90g
・塩…ひとつまみ
・卵…2 個
・薄力粉…100g
・グラニュー糖(仕上げ用)
　…大さじ 2

下準備
・バターを室温に戻す。　・バットにバターを塗る。
・オーブンを 190℃に予熱する。

1. いちごはヘタを取り、半分に切る。
2. ボウルにバターとグラニュー糖、塩を入れ、泡立て器で白っぽくなるで空気を含ませながら混ぜる。
3. 別のボウルで卵をよく混ぜ、②のボウルに 2、3 回に分けて入れ、都度よく混ぜる。
4. 薄力粉をふるい入れ、ゴムベラで切るようにさっくり混ぜる。
5. バットに流し入れ、平らにならす。
6. いちご、ブルーベリーを上に敷き詰め、グラニュー糖(仕上げ用)を全体にふるいかける。
7. 190℃のオーブンで 25 分焼いたら完成。(様子を見て焼き足す。表面がこんがりしているのに中が生っぽい場合は、アルミホイルを被せて焼くと◎)

Recipe by Chisato Tanaka / Kaori Ozawa

定番にしたいおやつ　　　　　　　　　　　　　　　　Delicious & Fun

30

レモンメレンゲタルト

市販のタルト台を使えば、クリームを作るだけでOK。
爽やかで初夏にもぴったりの味わいです。

材料

(15cm タルト型 1 台分)
・市販のタルト土台
　15cm…1 台
・レモン果汁…100g
・無塩バター…80g
・全卵…2 個
・きび糖(1)…100g
・レモン皮…2 個分
　※無農薬のものを選ぶとよい
・卵白…2 個分
・きび糖(2)…50g
・粉砂糖…適量

下準備　オーブンを200℃に予熱する。

1. レモン 2 個分の皮をすりおろし、果汁は 100g、それぞれ用意しておく。
2. 鍋にバター、レモン果汁、レモン皮を入れ火にかけ、バターを溶かす。溶けたら火からおろす。
3. ボウルに溶いた全卵を入れ、きび糖(1)を少しずつ加えながらホイッパーでよく混ぜる。
4. ③のボウルに②を少しずつ混ぜ、弱火にかける。とろみがつき、ツヤが出てきたら OK。タルト台に流す。
5. 卵白をボウルに入れ、ホイッパーで撹拌する。うすい筋が見えてきたら、きび糖(2)を 3 回に分けて加える。ツノが立つ位まで泡立て、固めのメレンゲを作る。
6. ④の上にメレンゲを乗せ、薄く粉砂糖をふりかける。(今回はメレンゲを絞り袋に入れ、"の"の字を描くように絞りました)
7. 200℃に予熱したオーブンで、メレンゲに焼き色がつくまで焼いて、粗熱をとり冷やしたら完成！(焼き時間は 3〜5 分が目安。焦げないように注意)

Recipe by Risa Shimizu

1

街を歩く時に、ベンチや腰掛けられる石垣を意識してみると、案外あらゆるところにそれはあります。そして動物のように自分のお気に入りの場所を覚えておくと、いざという時に役立ってくれるはずです。雨も多く、晴れ間が貴重な6月は、「あ、晴れてる!」で、気軽なおでかけを楽しむのがおすすめです。朝、美味しいベーカリーにパンを買いに出掛けて、帰り際に気になっていたベンチに腰掛けて、そのまま始める朝ごはんピクニック。「こんなことでいいのか…!」と、シンプルな幸福感に出会えます。また、ベンチからの景色を見ることで、いつもはそのベンチを横目に忙しなく通り過ぎる自分の姿を客観的に見つめることができて、少しの発見があるはずです。たいていの発見は、日常の視点を変えてみることから始まります。1年の折り返しの6月は、そんなふうに、普段は見過ごしていたものに気づけると良いスタートが切れるかもしれません。

季節のピクニック　　　　　　　　　　Season & Nature

パン屋さんの帰りにピクニック

2 口の中の想像力をかきたててくる言葉はいくつかありますが、「焼きたて」という言葉は殿堂入りするのではないでしょうか。朝のパン屋さんに行くと、沢山の「焼きたて」に出会うことができます。歩きながら一口だけかじりたい衝動に駆られることもありますが、ブレッドバッグがあれば温かさをキープして帰路につくことができるので、焦ることなく美しい新緑を楽しめるかもしれません。

3 陶器は家で使うもの、という思い込みをなくせると、突然選択肢の幅が広がります。さっと包んでバスケットに入れて家を出れば、今までのカフェテラスにはないほどの特等席が見つかるはずです。

季節の植物　　　　　　　　　　　　　　　　　　　Season & Nature

淡さと華奢を楽しむ、初夏の始まり

4

Nigella
ニゲラ

「夢の中で逢う」というロマンチックな花言葉を持つニゲラは、花束に入っていることは少なくないのに、その名前はあまり一般的ではないかもしれません。色もシルエットも独特な魅力がありガラス瓶に飾ると一気に涼しげな印象に。

5

Lady Banks' Rose
モッコウバラ

この季節になると、街角でよく見かけるモッコウバラ。トゲも少ないので扱いやすく、薔薇なのに控えめで可愛らしい花。白と黄色があり、花言葉のひとつに「初恋」があります。

6 — June

154-156 / 365

6

エディブルフラワーのすすめ

花屋さんで売っている花は基本的には食べられませんが、農家さんが売っている花は食べることができます。また、庭やベランダでハーブを育てていればこの時期に様々な花を収穫できて、食卓がパッと華やぎます。

もっと、家を好きになる　　　　　　　　　　　Season & Nature

雨の日が待ち遠しくなるリストを作る

7　「次の週末に叶えたいこと」を思い浮かべた時に、"晴れている日"を想定する人は少なくありません。だから、雨が降ると残念な気持ちになってしまうことも…。でも、雨の多い季節に毎回そんな気持ちになっていてはもったいない。「今日は最高のこもり日和だ！」と、嬉しくなってしまうような WISH LIST を持っておきましょう。

WISH LIST
on a rainy day

1.

2.

3.

4.

5.

もっと、家を好きになる　　　　　　　　　　　　　　　Season & Nature

8 家という毎日過ごす場所で新しい気持ちになるには、テーマを持つことが大事。冷蔵庫にあるあり合わせの食材で作るブランチだって、「カフェみたいなワンプレートを」と思うだけで、選ぶお皿や盛り付けも工夫したくなるはずです。どうせしなくちゃいけないことにも、テーマをつけて小さなイベントにしてみると、モチベーションは180度変わります。

贅沢なおうちシネマ

好きなおやつもお酒も途中でおかわりし放題、ソファやベッドで寛ぎながら観られるなんて、もはや映画館以上の贅沢さ…！スマホでさくっと見るのもいいけれど、ちゃんとムードを作って準備をするとそれだけでイベントになります。

お店みたいなワンプレートを作る

喫茶店みたいなおやつ、カフェみたいなブランチ、小料理屋みたいな盛り合わせのおつまみ…。自分の中でテーマを作って料理するだけで日々の料理がTO DOではなく楽しみな予定に。

6
—
June

158
／
365

朝の時間の過ごし方　　　　　　　　　　　Time & Environment

極上の朝風呂を楽しむ時間

9 天気の不安定なこの季節、楽しみにしていた予定が雨で中止になってしまったり、外に出る気持ちにならない時は、極上の朝風呂を作り上げるのがおすすめです。もちろん、夜のお風呂もちゃんと毎晩楽しみにできればいいのですが、疲れ果てた1日の終わりに、何もかもが面倒だと感じてしまうことがあるのは仕方のないこと。その点、朝なら能動的な予定として楽しむことができるのです。入浴により血行が促進されると、新陳代謝が促され肌に透明感も出るので、1日中素顔で過ごす日に鏡に映った自分の素肌をちゃんと好きでいられるのも大切なポイント。ここぞという入浴剤と、お風呂で楽しむ飲み物を用意すれば、お風呂上がりには気持ちも前向きになり、良い1日のスタートを切ることができます。

"気持ちよい"を追求する旅

10 SNSに情報が溢れる今、現地にわざわざ行くなら、視覚での"確認作業"だけではなく、五感を使って"感じる"ことが何よりの醍醐味。サウナは確かにブームでもありますが、これは当然の流れなのでは、と思います。常に複数人と連絡を取り合っているような状態が続く現代人の頭は、いつだってフル回転。それでいて、取捨選択する前に新しい情報が入ってくるのだから休まる暇もありません。だからこそ、情報を断絶できる時間に心身ともに快感を覚えていくのだと思います。旅の目的のひとつに"サウナ"というコンテンツを入れると、豊かな日本の国では、あらゆる天然の水風呂や、至福の外気浴に出会えます。

スマホも、充電をするだけでなく定期的に電源を切ることが大切だと言いますが、人間も「休まなくちゃ」という義務感で休むよりも、一旦すべてを強制終了するひとときが必要なのかもしれません。

長崎にある琴海サウナ。熱々の身体で入る川は、大人の皮をすべてはがして裸の心にしてくれます。

長野県のサウナ付き一軒家 Anoie、夜の外気浴で見た流星群は何度も思い出す光景。

眠りを誘う、優しいお守りを持っておく

11

どうしても今日はぐっすり眠りたい、でも薬には頼りたくない…。そんないざという時の優しいお守りを持っておけると安心です。相性はあるので、いくつか試してみて自分なりのベスト"入眠儀式"を知っておけると◎。

☑ 漢方薬「抑肝散」

子どもでも飲める優しい漢方ですが、効果てきめん…！眠りが深くなる気がします。薬局で手に入るのも嬉しいポイント。

☑ ホワイトノイズ

不意に聞こえる物音に過敏になってしまう時は、音で音を消すホワイトノイズ（脳を刺激しない単調で抑揚のない雑音）を。無料アプリなども多数あるので気軽に試せます。

☑ アイマスク

明かりがないと眠れない子どもがいたり、外の光が気になる場合におすすめ。光を遮断して、ゆっくり深呼吸を続けると、眠りを誘います。

ひとり時間の楽しみ方　　　　　　　　　　　　Time & Environment

あの人の見た景色に思いを馳せる

12　過去の偉人の言葉から励まされることが多々あります。その人の物語を想像して、どの局面でこの言葉を頭に描いたのだろう…と考えると、どれだけ時を経ても古くなることはなく共感する部分があるのです。言葉と同じく、その頃を思い浮かべるのに良い手段のひとつに、"同じ景色を見る"があります。文豪が夏を過ごした旅館、詩人のお気に入りだったミルクセーキ、画家が見つめた橋からの景色、何百年もの時を経てその場所に立ち、当時の葛藤や希望を想像してみると、もちろん会話はできないけれど、なんだか励まされるような気がします。話題のお店に行くのもいいけれど、"あの人の座ったあの場所""あの人が歌を詠んだ景色"を訪ねて、思いを馳せてみてもいいかもしれません。

6 — June

162 / 365

目の前の景色が変わる言葉　　　　　　　　　　　　Happy Idea

明るい気持ちになれる言葉

13 「きっと糧になる」

どれだけつらかった思い出も、映画や音楽、本に詩、共感できる作品が増えたなら、それは立派な「人生の糧」です。まだ傷が浅くて、思い出すと痛みが伴うようなことも、自分ならサビの部分の単語はこう言い換えるな、なんてポエティックに浸ってみたら、少しずつ悲しみも昇華されていきます。

14 「見通しの悪さは気にしない」

心が落ち着かず不安定で、先に続く道の見通しが悪くても、後ろには確かに道があるから。この先作る道にわくわくするためには、少し振り返って自分の選択を肯定してあげること。そうすれば、たとえ見通しが悪くたって毎日はそれなりに楽しくなるはずです。

目の前の景色が変わる言葉　　　　　　　　　Happy Idea

15
「いざとなったら自給自足」

6 ― June

165 / 365

「自分はなんてできない人間なのだ…」と落ち込むことがあれば、役に立つために生まれてきたわけではなく、生まれてきた時点でもうOKだということを思い出してください。自然界の動物で「役に立とう」と思っている生き物は1匹もいません。今いる場所は自分が選んで頑張って立っているだけ。全部ダメになったら多少のお金だけ作りながら、どこか山の中で自給自足するという心の切り札を持っておくのです。虫はいっぱいいますが、花が咲いて鳥が飛んで、たまに川遊びをしながら青い空と星を見ている。そんな妄想の中の自分の存在は、いざという時に気持ちを楽にしてくれます。

自分の口癖は何？

16 人間の言動がすべてデータ化されていて、口にする回数が一番多いものをリストアップしてもらえるとしたら、自分の中でのナンバー1は何になるのでしょうか…？自分の口癖は意外と気づいていないことがほとんどです。「ありがとう」なら素敵ですが、「ごめんね」や「疲れた」だったら、色々と改め直したいところ。私の場合、すでに本書の中でも随所に散りばめられているかもしれませんが、ベスト10入りするであろう言葉に"せっかくなら"があります。そして、この言葉の対義語は"面倒くさい"だと思っています。"せっかくなら"は魔法の言葉。何かを選ぶために立ち止まった時、相反するこの2つの言葉は、きっぱり道を分かれさせます。

「みんな集まったことだし、せっかくならピザでも取ろうか」「ここまで来たし、せっかくなら温泉に寄って帰ろうか」。目の前にある事実をもとに、"面倒くさい"の後に何かが生まれることはほとんどないけれど、"せっかくなら"の後には、その人らしい付加価値提案が生まれます。そして、この提案をすると「いいねぇ！」と共感されることもあれば「え！楽しそうだけどそんなのあり…？」と驚かれることもしばしばあって、その付加価値提案こそが、その人がこれまでの人生で"楽しかった選択"の体験にもとづいた、大いにその人らしさが反映されたものなのかもしれない、と思っています。だとしたら、この言葉を布教するほどに、あらゆる他人のフィルターを通した付加価値を知ることができるのでは…！なんて思うと、ますますこの言葉が好きになる今日この頃。口癖はもちろん"癖"ではありますが、意識的に癖づけることだってできます。言葉が変われば、思考も行動も変わります。自分の口癖を思い返しながら、新しい言葉を取り入れてみると楽しいかもしれません。

言葉の定義を、自分なりに解釈してみる

17 コスパ（費用対効果）という言葉に続いて、タイパ（時間対効果）という言葉が使われています。ドラマを倍速で見たり、AIに丸投げしたり、様々なタイムパフォーマンス術が繰り広げられているかもしれませんが、その余った時間を何に使うのか。この言葉を使うなら、その時間で自分が費やしたいことを同時に考えるべきだな、と思います。これまで様々な企業のトークショーや大人向けの講演で話をさせていただいたことがあり、どれも自分にとっては本当に貴重な経験だと感じていますが、就職活動に悩む大学生に話をさせていただくそれは、まったく別の価値だと感じます。私は就職活動に大失敗して、内定がひとつもないまま大学を卒業、その後1年半の間模索をしながら自分なりに仕事を作り、フリーランスとして活動したのちに会社を起業し今に至りますが、たったひとつの正解となる企業を見つけなければと焦っている就活生に対して、自分のしてきた経験がとても励みになると実感しているからです。もちろん、就職することもなく起業をする道を誰しもに薦めたいわけではありませんが、うまくいかなくても、自分の歩いたところにはひとまず道ができるのだ、ということだけは身を持って伝えることができます。就活生に話をした後は、ありがたいことに読みきれないほどのメッセージをいただきますが、同じ90分で自分が発揮できる効果として、この時ほど自分の人生におけるタイパを実感することはありません。夜、まだ幼い娘に絵本を読み聞かせしている時にも同じことを感じます。どれだけ"自分自身で、自分がやるべき"だと思えていることに時間を使えているか、これがタイパを求める本当の意味なのではないかなと思っています。流行りの言葉も、こんなふうに自分なりの解釈で考え直してみると新しい意味で納得できる気がします。

知っていると楽しい思考術　　　　　　　　　　Happy Idea

"過ごしたい時間"が、居心地の良い空間を作る

18　10数年もの間、夫の転勤について様々な土地に住みましたが、初めてついていかない選択をした12年目、これまでの人生で少しずつ集めてきた大切な家具や器は私と娘の2人暮らしの家にやって来て、夫は取り急ぎ買ったもので新しい暮らしを始めました。期間限定だからと集めたものたちには意図がなく、部屋の中心に敷かれたラグとテーブル、生活する上には事足りているにもかかわらず、正直3人揃っていても落ち着かないのです。何度かそちらで長く過ごすうちに、家族の中で理想の時間が求められるようになりました。「季節の花を飾りたい」「"もう1杯飲む？"と言って、気軽にコーヒーのおかわりを準備したい」「夕食後にゆっくりフルーツを食べたい」そうすると家具の配置が少しずつ変わって、1脚の椅子とウンベラータの木だけを買い足すことにしました。不思議なことに、部屋のサイズも置かれた家具もそれ自体はほぼ何も変わっていないのに、理想が見えるとそこに時間が生まれるのです。花を飾りたい壁際、一生懸命に育つウンベラータ、もう1杯コーヒーが飲みたくなる動線、夕食後にゆっくりするラグの敷き方、家に"自分たちらしい意図"が生まれると気持ちが落ち着くようになりました。

サイズが大きくなくても、高価な家具がなくても、自分の理想とする時間が空間に表れていること、そしてそれはこれまでの人生で見つけた自分らしい視点の中にもう十分にあること、それがどれだけ分かっていても、表現しなければ誇りであることも忘れてしまうということに気づかせてくれた新生活でした。SNSで映える部屋の作り方が沢山紹介されていますが、まず向き合うべきは自分が朝昼晩に、この家でどんな時間を過ごしたいのか、ということなのだと思います。

緊張とユーモア

19　「トムとジェリー」では、ネズミのジェリーに手のひらで転がされた猫のトムが、頭の上でBBQをされて大声をあげたり、壁を走って逃げたら猫型に穴が開いたりと、しばしば大袈裟な表現がありますが、誇張表現とユーモアは実は密接な関係にあります。新年に決めたはずの「毎朝トレーニングをする！」の目標が続かないことを「私って本当にダメな人なんです…」と表現すれば静まり返ってしまいますが、「私って三日坊主どころか、もはやただの坊主なんです」なんて言われたら笑うしかありません。人気の栗まんじゅう屋に並んできてくれた人に感想を伝える時に「美味しかったです」と伝えてもいいけれど、「この中で暮らしたいと思うほど美味しかったです」と言えば、並んだ人の苦労も報われるかもしれません。焼き鳥屋の大将自慢の鳥スープを「これ、明日から水筒に入れて持ち歩きたいほどです」と伝えたところ、本当に大きなパックに入れて持たせてくれたこともありました。ふざけることとユーモアは別物なので、相手やタイミングをわきまえる必要がありますが、現実には少しありえないことを交えながら表現することで、笑いとともに緊張感を和らげることができます。シビアな指摘をしたい相手にも「あなたの文章は長くて分かりづらい」とだけ言うよりは「恋愛の歌詞なら素敵だけれど、箇条書きで要点を絞ったほうが伝わるかもしれないね」とフィードバックをすれば、相手を直接的に批判することなくメッセージを伝えることができます。本当に伝えたいことがあるからこそ、余計な攻撃で相手の心を閉ざさせるのではなく、空気を和らげた上でちゃんと事を動かしていく。名演説により負け戦を勝ち戦に転換させた英国首相チャーチルが、ユーモアのある人として有名なのも、物事を動かすための彼なりの武器だったのかもしれません。

すぐにできる、切り替えスイッチ　　Happy Idea

知らないことを愛でるために

6 — June

170 / 365

20

「 普段は買うものを作る 」

いちご大福、柚子胡椒、普段は買うものを作ってみると、無人島で暮らしたわけでもないのに、沸々とサバイバルな自信が湧いて楽しい気持ちになります。

すぐにできる、切り替えスイッチ　　　　　　　　　　　　　　　Happy Idea

21
「 由来を調べる 」

漢字、ブランド名、言い伝えなど、当たり前になっている日常の言葉の由来を改めて調べてみると、ようやくちゃんと使いこなせる気がします。

22
「 いつもと違う
　　道を通る 」

来た道と帰り道を変えてみたり、いつもよりも早く曲がってみたり、少しの遊び心を加えてみると、当たり前だった自分の日常に新たな興味が湧いてきます。

6 — June

171-172 / 365

誰かのために準備すること　　　　　　　　　　　　　　Happy Idea

時間のある日に、いつかのラッピング準備

23 家でゆっくり過ごす雨の日にアート遊びをすると、いつかのラッピングにまで役立ちます。我が家の娘はいつでも絵を描きたくて仕方がないので、巻物のように長いロールペーパーを床いっぱいに広げると、好き放題に色を重ねてくれます。そしてそれを乾かしてとっておくと、いざという時のラッピングに大活躍してくれるのです。大人なら、ワインを片手に色遊びをしてみてもいいかもしれません。味気ない段ボールだって、外側にこの紙を巻くだけでなんだか楽しい贈り物になってくれます。業務的な割れ物注意のシールも、雨の日のタイミングでいくつか作っておくと便利です。

6 | June

作ると楽しい、季節のレシピ　　　　　　　　　　　　Delicious & Fun

フルーツのカラフルな食卓で、雨の日も楽しく

6 | June

24

174 / 365

スイカのスープ

スイカとトマトを使う、冷たいスープ。
材料を冷やしてから作るのがおすすめです。

材料（2人分）
・スイカ…200g（1/4個弱）
・トマト…1/2個
【**A**】
　・すりおろしにんにく
　　…少々
　・オリーブオイル
　　…大さじ1/2
　・塩…小さじ1/2
・バジル…2枚
・ヨーグルト…大さじ1

1. トマトは皮を剥いておく。（皮に十字に切り込みを入れて、10秒ほど鍋で湯がき、氷水につけるとスルッと剥けます）スイカは種を取り、飾り用のスイカを分けておく。
2. 飾り用以外のスイカとトマト半分、**A**をミキサーにかける。
3. 器に注ぎ、飾りのスイカ、バジルをのせ、ヨーグルトをかければ完成。（ヨーグルトは、よく混ぜてソース状にしてからスプーンで垂らし、お箸でグルグルとなぞると綺麗にマーブルになります）

Recipe by Mayuko Suzuki

作ると楽しい、季節のレシピ　　　　　　　　　　Delicious & Fun

25

6 — June

アメリカンチェリーと赤玉ねぎのミントマリネ

爽やかなミントの香りがアクセントに。
ビネガーは、りんご酢など他のフルーツビネガーでもOK！

175 / 365

材料（2〜3人分）
- さくらんぼ（アメリカンチェリー）
 …約10粒
- 赤玉ねぎ…1個
- ミントの葉…約2本分

【A】
- ブルーベリービネガー
 …大さじ2
- オリーブオイル…大さじ2
- きび糖…ひとつまみ
- 塩…ひとつまみ

1. Aをよく混ぜ合わせて乳化させ、マリネ液を作る。
2. 芯を除き、薄くスライスした赤玉ねぎを加えてよく和える。
3. ちぎったミントの葉、半分に切って種を除いたさくらんぼを加え、よく和えれば完成。（冷蔵庫で10分以上置くと味がなじみます）

Recipe by Ayako Kunishio

作ると楽しい、季節のレシピ　　　　　　　　　　Delicious & Fun

26

ホタテと柑橘のカルパッチョ

柑橘は水煮やカットフルーツなどを使っても◎。
あっという間に完成するので、料理の気力がおきない日の味方。

材料（2人分）
- ホタテ…4、5枚
- 好みの柑橘…1個
- ディル…1束
- レモン汁…適量
- 塩…適量
- オリーブオイル…適量
- ピンクペッパー
　…ひとつまみ

1. ホタテは横から包丁を入れて1/2にスライスする。柑橘は食べやすいサイズにカットする。
2. ディルは茎から葉をちぎっておく。
3. 器にホタテ、柑橘の順に並べ、レモン汁、塩、オリーブオイルの順にまわしかける。
4. 最後にディルやピンクペッパーを散らして完成。

Recipe by Ayaka Mitsutoshi

少し先の楽しみを仕込む　　　　　　　　　　　Delicious & Fun

香りを楽しむ、ひとひねり梅酒

黒糖焼酎の梅酒

ホワイトリカーが一般的ですが、黒糖焼酎を使うと梅の香りがより際立って美味しいのです。年を追うごとに、まろやかでコクのある味わいに！

材料
・青梅（熟す前の硬いもの）…600g
・黒糖焼酎…900g
・氷砂糖…400g

1. 青梅のヘタを竹串で取り除く。さっと洗い、水気をしっかりふき取る。
2. 熱湯消毒した清潔な瓶に①と氷砂糖を交互に入れ、黒糖焼酎を注ぎ入れてから封をする。
3. 日の当たらない冷暗所で、3ヶ月以上置いたら完成。

ジンと山椒の梅酒

ちょっと遊ぶなら、ジンと山椒を足して変わり種にチャレンジも！

材料
・青梅（熟す前の硬いもの）…600g
・実山椒…8〜10g
・ジン…300g
・黒糖焼酎…600g　・氷砂糖…400g

1. 青梅のヘタを竹串で取り除く。さっと洗い、水気をしっかりふき取る。
2. 熱湯消毒した清潔な瓶に①と氷砂糖を交互に入れ、上から実山椒をふりかけて、ジンと黒糖焼酎を合わせたお酒を注ぎ入れてから封をする。
3. 日の当たらない冷暗所で、3ヶ月以上置いたら完成。

Recipe by Goki Inoue

定番にしたいおやつ　　　　　　　　　　　　　　Delicious & Fun

涼しくて美しい、季節の色を愉しむおやつ

6 | June

29

ブルーベリーのヴィクトリアケーキ
バターケーキ生地の間に、ジャムとバタークリームをサンドした
シンプルながらときめくケーキ。

定番にしたいおやつ　　　　　　　　　　Delicious & Fun

材料

（15cm 丸型 1 台分）
- 無塩バター(1)…100g
- きび糖…100g
- バニラエッセンスまたは
  バニラペースト…適量
- 卵…2 個

【A】
　・薄力粉…65g
　・アーモンドプードル…33g
- 粉砂糖…150g
- 無塩バター(2)…100g
- ブルーベリージャム…100g
- ブルーベリーやハーブなど
　…お好みで

下準備

- 15cm 丸型にはクッキングシートを敷いておく。
- バターは常温でやわらかくしておく。
- 粉類 A はふるっておく。
- オーブンは 180℃に予熱しておく。

1. 常温でやわらかくしておいた無塩バター(1)をクリーム状に混ぜる。きび糖を加え、白っぽくなるまでホイッパーで混ぜる。
2. バニラエッセンスまたはバニラペーストを加えて混ぜる。
3. 溶いた卵を 3 回に分けて加え入れ、その都度ホイッパーでよく混ぜる。
4. ふるっておいた A を加え、ゴムベラでさっくり切り混ぜる。
5. クッキングシートを敷いた型に、均一になるように生地を流す。180℃に予熱したオーブンで、20〜25 分焼成する。生地が焼けたら、粗熱をとり冷ましておく。
6. バタークリームを作る。バター(2)をホイッパーで混ぜ、粉砂糖を加えクリーム状になるまで混ぜる。
7. 組み立てる。⑤のスポンジ生地を半分にスライスし、縁を 5mm 残してブルーベリージャムを塗る。
8. バタークリームを均一に乗せ、もう一方の生地を被せる。粉砂糖（分量外）をふるいかけたら完成。ブルーベリーやハーブで彩るのもおすすめ。

6 — June

179 / 365

Recipe by Risa Shimizu

定番にしたいおやつ　　　　　　　　　　　　　　　　Delicious & Fun

30

6 | June

180 / 365

焼き桃のシナモンクリーム添え

桃やプラムを焼いてジューシーさを引き出す、
夏のBBQでもおすすめの一品！
シナモンクリームは市販のホイップクリームを使うと簡単。

材料（作りやすい量）
- 桃やアプリコット、プラムなどのフルーツ…適量
- 砂糖…適量
- シナモン…小さじ 1/4
- ホイップクリーム…1/2 カップ
  （ギリシャヨーグルトやアイスクリームでも代用可）

1. フルーツを半分に切り、砂糖を振りかける。（かりっとキャラメリゼされてより美味しい）
2. ①をオーブンや BBQ グリルなどで 5 分ほど高温で焼く。
3. シナモンとホイップクリームを混ぜる。
4. 焼き上がった②に③を添えたら完成。

Recipe by Erin Gleeson for The Forest Feast

166

"老いとは好奇心を失うことである"

−ジョージ・シン（George Shinn）

1

夏の日差しと水面、光と影の強いコントラスト、フォトジェニックなシーンの多い7月は、何かが起きそうな期待感と共に始まります。小さな頃、多くの子どもたちがひたすらに長く感じた夏休みを過ごしたおかげか、自然と冒険心や遊び心を思い出す時期でもあります。そんな時は"今日は遊ぶ日"と決めてしまうのがおすすめです。したかったこと、見たかった景色を詰め込んだ1日の後の達成感はたまりません。水辺のピクニックは、暑くなったら水に入って、小腹が空いたらつまんで、と様々なボーダーを超えてみんなで1日中遊べる時間です。自宅にビニールプールを出すも良し、プール付き一軒家をレンタルするも良し、湖畔や川辺に行ってしまうのも良し、子どもの頃のように「さて、どうやって遊ぼうかな」と企むことが、夏の始まりをさらに楽しくしてくれるはずです。

季節のピクニック　　　　　　　　　　　Season & Nature

遊べるピクニック

2 スイカをくりぬいて器にして、その中にスイカの中身や他のフルーツを入れてサイダーをかけたフルーツポンチを作ると、しゅわしゅわの気泡とともに夏が始まるような気がします。この時期だけ出回るアメリカンチェリーが入ると、大人っぽく締まるのでおすすめです。

3 今から始まる季節を、わざわざ「今年の夏」と呼んでみると、始まる前からひとかたまりでとらえることができて、どんな日々にしようかと楽しみになってきます。メキシカン、エキゾチック、南欧風など…、たとえ行ったことがなくても、自分の今年の夏のテーマに国の背景をつけてみると、服や小物の色選びや、作る料理などに新鮮味が出て、新しい夏を過ごせます。

季節の植物   Season & Nature

旬を堪能できる、夏の花

4

Lavender
ラベンダー

「あなたを待っています」の花言葉を持つラベンダーは、本物よりもアロマなどの香りとして出会うことのほうが多いかもしれません。風通しの良い日陰で1〜2週間ほど吊るせばドライにもなり、その後も香りが続くのは魅力のひとつ。

5

Smoke Tree
スモークツリー

「煙に巻く」「はかない青春」という花言葉のごとく、あっという間に市場から消えてしまう夢のような花。大きめなものを買っても、輪郭が曖昧で威圧感がないので、インテリアとして楽しめます。

6

瑞々しい夏の実もの（みもの）たち

ブラックベリーにブルーベリー、ヤマゴボウなど、秋とは違う実をつけたフレッシュな切花が出回るのもこの季節の特徴。大きめの寸胴花瓶に挿してリビングに飾れば、毎朝フレッシュな気持ちで1日を始められるはず。

7 — July

184-186 / 365

おもてなしの小ネタをストックしておく

7　ゲストを緊張させてしまうような気張ったおもてなしは必要ないけれど、ちょっとした心遣いには誰だって心あたたまるはず。ホームパーティーなどのテーブルシーンでおすすめなのは、ハーブを使ったおもてなし。食事の匂いと混ざっても違和感のない植物を選ぶことで、自然になじみます。細部まで掃除するのに必死になるより、案外そういうひと手間を仕込んでおくほうが自分も相手も楽しいかもしれません。

お手ふきにハーブをほんのり香らせる

濡らしたお手ふきを軽く絞り、ミントなどと一緒に巻き込んでからビニール袋に入れて冷蔵庫へ。冷たいお手ふきと、爽やかな香りに癒されます。

カトラリーまわりにワンポイントとして添える

まだ硬い花芽のついた植物を箸置きにしたり、小さなハーブブーケをカトラリーに添えたり。ナチュラルなコーディネートが楽しめます。

余ったハーブをテーブル装花に

ふだん使っている食器やグラスに飾ると、テーブルの上でも浮くことなくいいワンポイントになります。

もっと、家を好きになる　　　　　　　　　　　　　　　　　　　　Season & Nature

8 いつもの器も、見せ方によっておもてなしモードに変わります。定番の使い方以外にも引き出しを増やしておくと、器のマンネリ解消にも◎。日常の食卓で雰囲気を変えたい時にももってこいなので、自分だけの組み合わせを見つけておきたいところ。

スープ皿をプレートに重ねて、飾り皿風にセットする

器を重ねておくだけで、正統派なレストランのような雰囲気に。下に敷いたプレートは取り皿として使うことにすれば実用的。

ガラスの器にキャンドルとグリーンを

ガラスのコップにグリーンと共にセットすれば、即席のキャンドルホルダーが完成。

よく使う丸皿をおつまみプレートに

日々よく使うパスタやカレー用の丸皿はチーズや生ハムを盛り付けるプレートに。4〜5種類のせると華やか。

7 ｜ July

188 / 365

Supervised by Yui Ito

朝の時間の過ごし方   Time & Environment

フルーツで始める夏の朝時間

9 「旬のものを取り入れるようにしています」という言葉は、豊かそうに聴こえるかもしれませんが、これ以上簡単に季節を楽しめる方法はないと思います。スーパーは人間に合わせて作られているので、いつでも同じようなものが便利に並んでいるように感じますが、直売所に行くと自然界がどれだけ偏っているかがよく分かります。当たり前に、夏は夏のものが一番美味しく、そして栄養も

豊富です。高級なイメージだったパッションフルーツが、以前住んでいた長崎では夏の間だけ直売所でなんと１個50円程度で手に入り、毎朝これで水分補給をするのが至福のひとときでした。この後、桃、梨、スイカ…と旬が続くなんて、夏のフルーツはたまりません。水分が多く含まれている果物は、カリウムも豊富で熱中症予防にも効果的。フルーツのある朝時間、おすすめです。

日常の延長線にある旅　　　　　　　　　Time & Environment

よく眠れる、セラピーのような旅

10

"ちょっと体験する"ではなく、世話をすることから始まり、初めてしっかりと森の中を乗馬した日の夜、これまでにないほど深い眠りにつきました。スイスやドイツではホースセラピーとして健康保険が適用されるほどポピュラーな治療法。すべてお見通しのような目をした馬との時間は、気を張った日々を送る現代人を癒してくれるはずです。阿蘇には山の途中で馬と一緒にティータイムが楽しめるところも。

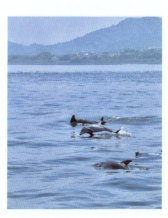

イルカも、セラピーとされる動物の一種。優しい目を見ていると、会いたくてももう会えない誰かが遠くからやってきてくれたような気すらします。イルカと一緒に泳げる場所は日本にもいくつかありますが、島原ではワイルドに泳ぎ回る野生のイルカに出会うこともできます。

眠れぬ夜の過ごし方　　　　　　　　　　　　Time & Environment

夏こそ、湯船にちゃんと浸かる

11　気温差や湿度で身体がお疲れ気味だったり、むくんだり…。どこか重ったるく、「なんとなく気分が乗らない」なんて時もある夏の夜。冷たい食べものが美味しく感じる季節でもありますが、身体を冷やし過ぎず自律神経を整えること、そして体内の余分な水分を発散できることが心地よい眠りにも重要。湯船にちゃんと浸かりたくなる、楽しい入浴剤を仕込んでおきましょう。

7 ― July

191 / 365

巡りを良くしてくれる
柚子湯風バスソルト

1. 香りが染み付かないガラスやステンレスの器を用意し、天然塩もしくはエプソムソルトを50g入れる。
2. 柚子の精油を5滴（肌が弱い方は2〜3滴）垂らしたら、全体をよくかき混ぜて湯船へ。

※エプソムソルトの量を増やす場合も、精油の量は増やさないでください。

美と巡りの
ハーブ酒風呂

1. 熱湯消毒した瓶に、乾燥ハーブ大さじ3を入れてから純米酒200mlを注ぐ。
2. 毎日軽く振ってゆすり混ぜていき、2週間ほど経つと、しっかりハーブが沈殿し、薬効成分が溶け出していく。
3. ハーブを漉し、保存容器に入れて冷蔵庫で保管する。

──── おすすめのハーブ ────
血行促進に	ローズマリー／陳皮（オレンジピール）
肌荒れに	カモミール／ヨモギ／ビワの葉／桃の葉
香り豊かに	ローズ／ラベンダー

Supervised by Nagisa Saito

フードジャーニーを楽しむ

12

"移動が何よりもクリエイティブな時間"だとして、飛行機や汽車の中がいちばんアイデアが出てくるというプランナーがいます。電波が悪くて連絡が遮断されるから、ということだけでなく、移動することで物理的にどちらか一方でのアクションが制限され、次の行き先でできることを考えていると工夫が生まれるのだそうです。制限があることで、人は「できないこと」ではなく「できること」に集中し、その範囲内で最大限のクリエイティビティを発揮することができるのかもしれません。確かに、今日は絶対に買い物に行きたくないという日に、冷蔵庫にあるものでなんとかしようとする時ほど新しい組み合わせが生まれたりもします。とはいえ、頼めば数時間後には届けてくれるネットスーパーまで整っている今の時代、"不便"や"制限"はどんどん離れていきます。そんな時はお題を決めて、自分をある一定の条件下においてみると自分から湧き出る工夫や創造を楽しめます。たとえば国や食材を決めて、とことん詰めていくフードジャーニー。国縛りなら音楽や器までをテーマに合わせて楽しんでみると、自分の中から知らなかった新しい表現が生まれる、という体験を楽しめるかもしれません。

目の前の景色が変わる言葉

好奇心に出会える言葉

Happy Idea

13
「 Three Good Things 」

眠る前に、今日起きた良いことを3つ書き出すと幸福度が上がると言いますが、ここでは別の Three Good Things を。いつだって組み合わせは3つから複雑になります。柿とみりんにリコッタチーズ…！など、自分なりの Three Good Things な食べ合わせを見つけようとしてみると、舌のアンテナはもっと磨かれて、食事の時間が楽しくなります。

目の前の景色が変わる言葉　　　　　　　　Happy Idea

14
「面白くなってきた」

ピンチはチャンスなんて、その時点でそう思うのは簡単ではありませんが、何かが想定外の方向に行ってしまった時に「面白くなってきたなぁ」と、とらえられれば、この後の状況をなんとか好転できる自分を信じられるはずです。

15
「どうやって作ったのかな？」

完璧に見えるものも、到底手が届かないように見えるものも、他人事（ひとごと）にせずに「これは、どこから始めてどうやって作ったのだろう？」と考えてみる。そうすると、"どうせ"というフィルターをかけて壁を作っていたのは自分だということに気づき、きっと今日できることが見つかります。

7 — July

194-195 / 365

Happy Idea

知っていると楽しい思考術

人生をデザインするヒントは、1泊2日から

16

札幌に住んだ5年間、「十数年住んでいるけれど、富良野には行ったことがない」という方に何度もお会いしました。長崎に住んだ3年間、「長崎で生まれたけれど、五島にはまだ行っていない」という方にも沢山お会いしました。私はというと、ラベンダーでいっぱいになる夏の富良野が大好きで、多い時はひと夏の間に3回ほど遊びにくる友人たちのアテンドをしたこともあれば、五島も、天気が良い週末に予定がなければ、それっと船に乗り込んで美しい海と鯖寿司を堪能していました。そんな時、決まって聞く言葉のひとつに「遠いから今はちょっと…、いつでも行けるしね」というものがありました。そう、近いと気持ちが遠くなる。"いつでもできること"にはタイムリミットを設けないため、優先されないのです。夫の転勤に合わせて各地にて期間限定の暮らしをしている私は、いつも「今年が最後かもしれない」という刹那的な気持ちを抱えていたので、タイムリミットは明確。有限だからこそやりたいことが研ぎ澄まされました。人生だってもちろん有限なのに、それにはなかなか気づけずに「もう少し落ち着いたらいつか…」と先延ばししてしまうのが人間の常。期限をつけるためだけに引っ越すのはハードルが高くても、それを手軽に体験するために、"日常"の"舞台"だけを変える1泊2日の旅はおすすめです。何かをしに行くのではなく、日常を過ごしに行く場所を選んでみるということ。これだけ混沌としていて先読みできない時代に、人生をデザインするのは簡単ではありませんが、食べられる食事の数も、行ける場所も会える人の数にも限りがある1泊2日なら簡単です。欲張って計画を立ててみた時、そこで自分が優先しているキーワードの中にこそ、日常に帰った時にタイムリミットを設けるべき大切なものが隠されているかもしれません。

良い波の日は、小ネタポケットの整理整頓

17 「やりたいことが思い浮かびません…」と、自分のやりたいことを生み出すのに苦労する話をよく聞きます。誰に説明する必要もないのに、体裁を気にしていなくたって自分のやりたいことが分からなくなってしまうというのは、もったいない。でもそれは、本当に"ない"のではなく、無意識に誰かの「やりたいこと」や「叶えたこと」と比べて落ち込んでしまっていることもあれば、実はやりたいことを忘れてしまっていることがほとんどです。自分のやりたいことなのに忘れるの…？なんて思いますが、忘れるのです。私たちが生きる今の時代は、世界中の砂浜の砂粒と同じくらいの情報量があるといいます。当たり前のようにそんな情報のシャワーを浴びていると「今日は絶対に冷やし中華だ！」と、今日のランチに信念を持つことですら案外簡単ではないようです。でも、思い浮かばない自分に落ち込む必要はありません。海に波があるみたいに、心にだって波があって、なんでもできる気がする朝もあれば、すべてから離れて、静かに暮らしたい夜もあります。だから、いつも良い状態の波を求めるよりは、サーファーじゃなくたって波自体を楽しんで、叶えたいことが満ち溢れる日にどこまでもよくばって、理想の景色を膨らませたらいいのだと思います。そのためには、コンディションの良い日に小ネタ帖にストックしておくのがおすすめです。「食べたいもの」「行きたい場所」「作りたいもの」など、カテゴリー分けをして、そこに整理していく。良い状態の日にそれをしておけば、いざという時にドラえもんのごとく取り出してくることができるはずです。悩むべきはアイデアの枯渇よりも、引き出しが散らかっているという事実。膨大な情報の中で流されることなく、必要なものを整理整頓して心地よく泳いでいきましょう。

知っていると楽しい思考術　　Happy Idea

ややワイルドに、
想定範囲を超えていく

18　想定外の雨に、突然の定休日…。「ついていない」と思えばそれまでですが、「さて、どうしようかな」と思えれば、そこから新しい選択が始まります。目の前に起きる事実は同じでも、それをどうとらえるかで"ラッキーな人"は作られていくのです。劇作家のオスカー・ワイルドの名言にも「楽観主義者はドーナツを見て、悲観主義者はドーナツの穴を見る」というものがありますが…、では、どうやってドーナツを見ればいいのか。そのためには想定外を楽しむというそもそものマインドセットももちろん重要ですが、いかに"ドーナツそのもの"に出会ったことがあるか、ということが大切です。穴ばかりを見てしまう自分自身に悩んでいても、視点は簡単には変わりません。タイのヤオノイ島というところで小さな木の船に乗ってアイランドホッピングという遊びをした時に、海でたまたま通りかかった洞窟の中に洗濯物が干してあって、よく見るとそこで暮らしているおじさんが満面の笑みで中から手を振っていました。「そんな楽しみ方もありなのか…！」という想定外を知れば知るほどに、自分の想定範囲は広がっていきます。いつもとは少し違う環境の中、自分にとっての"当たり前"ではない価値観に触れてみることで、想定外も楽しめるようになるかもしれません。この季節は街の木々からも勇気をもらいます。人間が一生懸命にコントロールしようとしているにも関わらず、想像を絶する方向に伸びてきたり、意外な花をつけたりと、まさにワイルド。この言葉は、ヒゲの生えたおじさんだけの言葉ではないのです。「自然のまま、野性的、力強い」そんな意味を持つこの言葉を自分らしく使いこなして、たくさんのドーナツに出会えると、きっと楽しい夏になるはずです。

老いとユーモア

19 時間は誰にでも平等に流れていますが、生まれた順に割り振られている年齢という数字は私たちにあらゆることを問いかけてきます。"27歳は華だから楽しんだほうがいいよ""もう30歳なのだから""40歳をどう迎えるつもり？""50歳までにはこうしていたいよね"と、一般的だと言われる考えとともに、老いを必ずしもポジティブにとらえさせてはくれません。そんな時、年齢を数字ではなく物語の進行としてとらえることで、楽しい視点でそのプロセスを考えることができます。私たちが生きる現代は、ありがたいことに医療が発達して"100年時代"だと言われるようになりました。人生が100巻の漫画だとした時に、自分の年齢は物語にどのような役割を果たすか考えてみるのです。「ドラえもん」や「サザエさん」のようにいつどの巻を読んでも進行が大きく変わることはない読み切りもあるので、自分の好きな世界観が読み切りならそれでもいいかもしれませんが、ある程度ストーリー性のあるもので設定してみます。そして、どの巻がいちばん面白かったかという話題は100巻まで読まないと分からないということを前提とするのです。そう考えると30巻なんてまだまだ序章だし、40巻台の一見意味がなさそうに感じる出会いは伏線かもしれない、50巻は一度中だるみをするかもしれないけれど、そこでの景色が、100巻で振り返る時によく描写されるシーンかもしれません。一般的な数字の圧力に押しつぶされずに、長編連載を任されている作家になったつもりで、今の自分の数字をユーモラスに見つめてみてください。今がなかなか抜け出せないつらい時だったとしても、この局面は後々語り継がれる面白さになるはずだ…！なんて思えるかもしれません。

すぐにできる、切り替えスイッチ　　　　　　　　　　　　　　Happy Idea

やってくる未来を愛でるために

7 — July

200 / 365

20
「 初めての食材を買う 」

ココナッツ、アーティチョーク、カーボロネロ…！珍しい食材を素通りせず、「どれどれ」と買ってみると、調べて味わって、美味しくて。日常に小さな冒険心を与えてくれます。

すぐにできる、切り替えスイッチ　　　　　　　　　　　Happy Idea

21
「　楽しみな予約をする　」

「行きたいな」と思う場所があれば、その気持ちをそのままにせず、誰かを誘ったり予定を立てて予約をしてしまう。たったそれだけで、パッと気持ちが明るくなります。

22
「　懐メロを聴く　」

目の前のことに忙殺されたら、青春の懐メロを年代別のシャッフルでかけてみるのがおすすめです。文化祭とかあの日の帰り道とか、色々な思い出が蘇って、現実に戻った時に少しだけ気持ちが新しくります。

誰かのために準備すること　　　　　　　　　　　　　　　Happy Idea

誕生日は、関係を紡ぎ直す大切なチャンス

23 学生の頃はあんなに重要だった誕生日も、大人になるとできるだけひっそりと歳を重ねたいような気持ちになりますが、やっぱり、もらうと嬉しい誕生日のメッセージ。全員に平等に訪れる新年とは違って誕生日はやっぱりその人だけのもの。言わなくても伝わる、なんてことは相当関係が深くなければそうそう起こるものではありません。普段から近い関係の方はもちろん、長いこと連絡をしそびれてしまっていたり、改めて関係を紡ぎ直したいと思っている相手にこそ、1年に一度のチャンスは、フル活用したいもの。メッセージは長くなくてもいいけれど、「おめでとう！」だけのシンプルメッセージよりは、たった一言でも、相手のどういうところを尊敬していて、これからどんな関係でいたいと思っているのかを付け加えると、より一層気持ちが伝わるはずです。

7 | July

作ると楽しい、季節のレシピ　　　　　　　　　　　Delicious & Fun

想像力がふくらむ一皿で、テーブルから食旅

24

エスニック海老トースト

ぷりぷりの海老とサクサクのパン食感が絶妙な一品！
ビールのおつまみにもぴったりです。

材料（2人分）
- 薄切り食パン…2枚
- 玉ねぎ…1/4
- 万能ねぎ…15g
- 海老…100g
- 豚小間肉…50g

【A】
- 卵白…1/2
- 砂糖…小さじ1
- ナンプラー…大さじ1
- 塩胡椒…適量

1. 玉ねぎはみじん切り、万能ねぎは刻む。海老は殻を剥き、背ワタを取って水気を拭いたら包丁でたたく。豚肉も同様に包丁でたたいておく。
2. ボウルに①とAを入れて混ぜる。塩胡椒をふり、味を整える。
3. 食パンを対角線上にカットし、表面に②を塗る。
4. フライパンに少量の揚げ油（分量外）を入れ、③のペーストがついた面を下にして静かに入れる。低い温度でじっくりと焼き、焼き色が付いたら裏返す。
5. 反対側がきつね色になったら取り出して油を切れば完成。

Recipe by Mina Shinkawa

作ると楽しい、季節のレシピ　　　　　　　　　　Delicious & Fun

25

ココナッツクリームのパンケーキ

気分はハワイの朝ごはん…！　パンケーキ生地は
水分多めのしっとり生地で、薄く焼き上げるのがポイントです。

材料（6〜7枚分）
- ホットケーキミックス…150g
- 卵…1個
- 牛乳…170ml
- 油…小さじ1
- ココナッツミルク…200ml
- 生クリーム…200ml
- 砂糖…大さじ2
- マカダミアナッツ…適量
- はちみつ…お好みで

1. 生地を作る。ボウルに卵をとき、牛乳、油を加えて混ぜる。
2. ホットケーキミックスを入れ、ダマがなくなるまで混ぜ合わせる。
3. フライパンで焼く。まずはフライパンを熱し、しっかり温まったら濡れ布巾の上に置いて熱を落ち着かせる。おたま1杯分の生地を流し入れて強めの弱火で焼き、小さな気泡が出てきて何個か弾けてきたら、上が半生の状態のまま一気に裏返し、30秒ほど焼く。
4. クリームを作る。生クリームに砂糖を入れ、ツノが立つまで泡立てる。
5. ココナッツミルクを入れて混ぜ合わせ、お皿に盛りつけた③にかける。
6. 粗みじん切りにしたマカダミアナッツをのせ、お好みではちみつをかければ完成。

Recipe by Mayuko Suzuki

7 — July

205 / 365

26

7 — July

あおさのゼッポリーニ

海苔の入ったナポリの揚げパンで、イタリアンでは
最初のワインとともに楽しい時間が始まる象徴とされる一品。
揚げたてはたまらない美味しさです。

材料（約4人前）
- あおさ（青のりでも◎）
  …適量
  ※乾燥のものは少量の水で戻しておく。
- 強力粉…120g
- 薄力粉…85g
- 塩…小さじ1

【A】
- 砂糖…ひとつまみ
- ドライイースト…3g
- 40℃くらいのお湯
  …130ml

1. ボウルの中にAを入れ、少し混ぜてから強力粉、薄力粉、水気をしぼったあおさを入れよく手で混ぜる。
2. 粉っぽさがなくなったら塩を加えてさらに混ぜ、ボウルの中央に丸めてラップをして1〜2時間程度常温に出して発酵させる。（時間が経つと2倍量くらいに膨らむ）
3. 揚げ油（分量外）を熱して、180℃くらいになったら②をスプーンで小さめにすくって落としていく。スプーンにさっと油を塗るとすくいやすい。
4. 表面がカリッとして色づいてきたら油から出して、仕上げの塩（分量外）をして完成。

Recipe by Moe Murakami

少し先の楽しみを仕込む　　　　　　　　　　　　　　　　*Delicious & Fun*

旬の美味しさを詰め込んだシロップを仕込む

27　　　　　　　　　　28

自家製フルーツシロップ

氷砂糖を使った時間のかかる作り方ではなく、一晩でできる手軽なレシピ。キウイ、ぶどう、プラム、レモンなどお好みのフルーツでぜひ。炭酸で割ったり、ヨーグルトドリンクにしたり、ワインに入れてサングリア風にも！

材料
- 季節のフルーツ…200g
- 砂糖…200g
- 水…400ml

1. 鍋に水、砂糖を入れ、溶けるまで火にかける。そのあと粗熱を取る。
2. 熱湯消毒した瓶に、カットしたフルーツを入れ、①を注ぐ。

新生姜のピンクジンジャーシロップ

ほのかなピンク色が可愛いジンジャーシロップ。炭酸で割ってジンジャーエールにするとピリッと爽やか！

材料
- 新生姜…200g
- 砂糖…200g
- 水…400ml
- シナモンスティック…1本
- レモンスライス…2枚

1. 新生姜を薄くスライスして鍋に入れ、砂糖をまぶす。30分置く。
2. 水、シナモンスティックを加え、15分ほど煮込む。
3. 熱湯消毒した瓶に、レモンスライス、②を注ぐ。

※冷蔵庫で1週間を目安に保存可能。

Recipe by Mayuko Suzuki

定番にしたいおやつ　　　　　　　　　　　　　　Delicious & Fun

あると嬉しい、手作りアイス

29

パイナップルとクランベリーのクリームチーズアイス

甘さ控えめにさっぱりと、でもチーズのコクが楽しめる一品。
スコーンに挟んでアイスクリームサンドにするのも美味しいです。

材料（作りやすい量）
- クリームチーズ…50g
- ヨーグルト…大さじ1
- 生クリーム…100ml
- パイナップル（缶詰）
   …果肉2枚＋シロップ大さじ3
- ドライクランベリー…適量
- はちみつ…大さじ2

下準備
- クリームチーズを常温に戻しておく。
- パイナップルとドライクランベリーを刻んでおく。

1. 常温に戻し、柔らかくなったクリームチーズにヨーグルトを加え、泡立て器でよく混ぜる。
2. 生クリーム、パイナップル缶のシロップ、はちみつを順に加え、それぞれ入れるたびに、空気を含ませるようによく混ぜる。
3. 刻んだパイナップルとドライクランベリーも加え、全体に混ぜ合わせる。
4. ホーロー容器など冷凍可能な容器に流し込み、冷凍庫で冷やす。
5. 1〜2時間経ったところで、フォークを使い全体をかき混ぜる。
6. 再度冷凍庫で冷やしたら完成。

Recipe by Momoyo Nishimura

定番にしたいおやつ　　　　　　　　　　　　　　　　　Delicious & Fun

30

ラベンダーのヨーグルトアイスクリーム

ほのかにラベンダーが香る、軽やかなヨーグルトのアイスクリーム。
お皿に盛りつけると、ぐっと特別な一皿に早変わり。

7 — July

材料（作りやすい量）
- 牛乳…200g
- ラベンダー（乾燥）
　…5g

【A】
- ・プレーンヨーグルト
　…400g
- ・生クリーム…100g
- ・はちみつ…50g
- ・砂糖(1)…30g
- パイシート…適量
- 砂糖(2)…適量
- 桃、ハーブ…お好みで

1. 牛乳を手鍋に入れ火にかける。沸騰直前で火を止め、ラベンダーを入れて蓋をして、香りが移るまで5〜10分ほど蒸らす。茶漉しで濾し、粗熱をとる。
2. ボウルにA、粗熱のとれた①を入れて、ホイッパーでよく混ぜる。バットに入れて、冷凍庫で凍らせる。
3. 凍らせている間にスティックパイを作る。細長くカットしたパイシートに砂糖(2)をふりかけ、200℃のオーブンで15分焼く。
4. 凍った②をフォークで崩しながら、フードプロセッサーに入れる。なめらかになるまで撹拌し、再びバットに移して冷凍庫で凍らせる。
5. ④が凍ったらお皿に盛りつける。アイスクリームはディッシャーで2すくいし、上にラベンダー（分量外）を散らす。焼いておいたスティックパイやカットした桃やハーブを乗せれば完成。

210 / 365

Recipe by Risa Shimizu

8 August

How to enjoy your picnic in August

1 スーパーに当たり前のように綺麗に並んでいるフルーツや野菜の本来の姿を知ると、私たちが見ていたのはほんの一部にしか過ぎないことを思い知ります。そもそも地方の直売所は常に偏っていて、冬瓜が旬の時はずらりと何列も冬瓜ばかりが並び、美味しかったからと翌週また行ってみるとぴたっとひとつもなくなって、今度はいちじくが並んで、嵐の日は何ひとつ入荷されなくて…と、人間目線でいう不便さこそが自然のありのままの姿です。味覚狩りでは、その姿を垣間見ることができます。畑にちょうど良い机があれば、収穫の合間に楽しむピクニックは何よりの贅沢。冷やして食べるのとはまた違うフレッシュさを味わうことができます。8月は、フルーツのルーツを探って、本来の姿を堪能しながらピクニック。可愛がられるだけの存在かと思っていた桃だって、突然たくましく見えて、新たな刺激をもらえるはずです。

果実狩りでピクニック

2 果実狩りは、単なるフルーツの収穫ではなく季節を堪能する贅沢なアクティビティです。春のイチゴ、夏の桃にブルーベリー、秋のリンゴなど、新しい季節の訪れに当然のように予定を入れてみると、帰ってからしばらくの間はそのフルーツを使い切る研究が続き、スーパーでたまに買うような関係だったフルーツとも、あっという間に親密な関係になれるのです。

3 男女問わず、大人も子どもも双方の"ピント"が合う遊びというのはあまり多くありませんが、果実狩りや味覚狩りはそのひとつ。様々なライフステージの仲間と集うことができるので、その周辺での温泉や美味しいコーヒー屋探しなどをしておくと、楽しいオリジナルのツアーが完成します。

季節の植物 　　　　　　　　　　　　　　　　Season & Nature

独特な世界観をまとう、夏の花

4

Serruria

セルリア

英名はブラッシングブライド（頬を染めた花嫁）という粋な名前がついた、ブライダルシーンにも人気の花。「可憐な心」という花言葉も持ち合わせていて、つい心が闇に包まれてしまいそうな日も、この子が家にいれば理想を思い出せるかも…！

5

Jasmine

ジャスミン

甘く濃厚、エキゾチックな香りを持つジャスミンは「あなたと一緒にいたい」の花言葉に相応しく、こちらを惹きつける魅力を持っています。切ってしまうとあまり長持ちしないので、切花よりは、玄関などに植えて育てたい花。

8 ― August

214-216 ／ 365

6

花畑では王道、自宅ではアレンジを楽しむ

この季節にあちこちに咲くひまわりも、花屋さんではアレンジ版も増えています。一重咲きだけでなく八重咲きのものや、真ん中が茶色でないもの、全体が茶色いものまで様々。自宅ではぜひアレンジ版を楽しんで！

もっと、家を好きになる　　　　　　　　　　　　　　Season & Nature

引きの視点で、部屋を見直す

7 部屋の中に好きなものは多いのに、「なんかバランス悪いんだよな…」と感じたことのある方は多いかもしれません。そんな時は一度客観的になるために部屋全体の写真を撮り、空間を上からざっくり三分割してみるのがおすすめ。よくあるパターンが、中央に情報量が多く、上部はがらーんと空いて寂しくなってしまっているパターン。下部は地続きの床がただのっぺり広がっているだけ、もしくは一時置きしたアイテムがぽつりぽつりと置かれている…なんていうのもよくある風景かもしれません。ひとつひとつのものはいいのに、なんとなくしっくりきていない場合は、そんなふうにバランスがうまくとれていない可能性大…！要素が渋滞している部分と、足りずに寂しいところを客観的に把握すると、改善点が見えてきやすくなります。ちょっとテクニック的な話になってしまいましたが、引きの視点で部屋を見直すことで、今ある家具や小物もより輝くはずです。

**地続きの床はラグで
メリハリを**

ラグを敷くと空間にメリハリが出て、そこに時間が流れてくるような気がします。

**吊り下げ照明やアートで
目線の高さを華やかに**

ぽっかり空いてしまいがちな上部をうまくカバーしてくれる2大アイテム…！背の高い植物やスタンド照明なども◎。

Season & Nature

8 引きの視点で見た時、もう一点気になることが多いのが、浮いているアイテムの存在。少しずつ好みが変わって、以前集めていたテイストの小物が、最近のトーンと合わないなんて経験は、よくあることかもしれません。とはいえそれがすぐに手放したくないものである場合は、上手にテイストミックスさせるのがバランスを良くするコツ。むしろ「〇〇系」という既存のテイストに縛られない、自分らしいインテリアが叶うチャンスでもあります。系統の違うアイテム同士でも、素材やカラーをしりとりのように繋げていくことで、ぐっとまとまった印象になっていきます。

同じ色を2つ以上入れてバランスをとる

黒い照明に合わせて黒い小物を、床の色と違う深いブラウンの机に合わせて同じ色を含んだクッションカバーを…と、同じカラーを複数入れていくことで自然と全体が馴染みます。

個性がぶつかりそうな時は、中和してくれるアイテムを

和室に思い切って置いたソファ。洋と和の突然のギャップを埋めるためにあえて多国籍なラグを間にON。時代もテイストも素材も異なるものを集めるとそれぞれが主張しすぎることなくまとまります。

朝の時間の過ごし方　　　　　　　　　　Time & Environment

"今日の分"を収穫する朝

9 今日は1日中家で過ごすという日、朝1番に庭やテラスに出て、「今日使いたい分」のハーブを収穫すると、突然やる気が湧いてきます。毎日ちゃんと1日が始まって終わっていくにも関わらず、昨日と違う今日を実感するのは簡単ではありませんが、フレッシュな植物を取り入れると、この子たちが元気なうちに何ができるかな…と、砂時計のように感じるのです。フルーツやサラダ、ランチに添えるだけでなく、たっぷりとフレッシュハーブを入れたハーブティは本当に贅沢な味がします。おすすめはレモンバームとレモングラス、ミントを合わせた爽やかなブレンド。特に、レモンバームを育てておくのがおすすめです。その名の通りレモンの香

りがするハーブですが、別名は「メリッサ」と呼ばれ、昔から「長寿のハーブ」として親しまれてきました。女性の悩みに多いPMSでのイライラや不安感の緩和にもぴったりで、市販のお茶は高く売られているので、それが自分の家で収穫できるなんて、森の中の魔法使いになったような気分です。

日常の延長線にある旅　　　　　　　　　　　　　Time & Environment

伝統的なお祭りを楽しむ旅

10 この時期の旅は、地方のお祭りや伝統行事に合わせて計画するのがおすすめです。お祭りは、誰かが誰かにお金をもらうわけでもなければ、むしろ各自が自費を払ってでも準備して、張り切って、長い歴史を経てもなお人の熱量のみで続いているのだから、間違いなくその土地土地の無形財産。コンテンツの溢れるこの時代、"暇を潰す"ことが目的ならいくらでも見るものはあるけれど、"感動する"を目的とするなら

ば、やっぱり誰かの一生懸命が詰まっているものが良い。地元の可能性を信じる人たちからは、日常に持ち帰りたい、多くのことを教えてもらえます。名前だけはよく知っていた長崎の「精霊流し」ほど百聞は一見にしかずを実感したものはそうありません。しっとりとしたイメージとはほど遠く、爆竹と花火の煙と音で、ある種の世紀末のような空気の中、初盆を迎えた方のご家族が、亡くなられた方の生き様を表現した船を担いで街を練り歩くのです。どれだけ権力やお金があっても、船を担いでくれる大切な人がいて、その方々に自分らしさが伝わっていなければこの姿はない。この街で育つ子どもは、死ぬのが怖いというよりも、「どう生きるか」を問われているようで、死生観すら変わる一夜でした。

眠れぬ夜の過ごし方　　　　　　　　　　Time & Environment

スマホをおいて、本の余韻で眠りにつく

11

ビブリオセラピー（読書療法）なんて心理療法もあるくらい、心を落ち着かせてくれる効果がある、読書。なんだか疲れを感じる日や、心が弱ってしまった日は特に、スマホやテレビで永遠に情報を浴びるよりも、心地よい余韻をくれる一冊に頼るのが得策。ほの明るいやさしいライトの下で20分ほどページをめくれば、1日の終わりが心穏やかに過ごせるはずです。

おつかれ、今日の私。
ジェーン・スー
（マガジンハウス刊）

疲れたり傷ついている時にも、それを代弁してもらっているかのようなスッキリ感！肩を組んで励ましてもらっているような言葉たちに触れた後は、明日も頑張ろうと思えるはず。

夜中にジャムを煮る
平松洋子
（新潮文庫刊）

「丁寧な暮らし」とは、こういう地に足のついた暮らしへの愛なのだと気付かされます。豊かな言葉で綴られる美味しい表現にうっとり。眠れぬ夜は、夜中にジャムを煮ながらぜひ。

わたしの好きな季語
川上弘美
（NHK出版刊）

「朝寝」「時雨」「豆飯」など、好きな季語をテーマに書かれた一冊。それぞれの章に添えてある句の表現力にもしびれます。心地よい読後感が味わえること間違いなし。

小さな幸せ46こ
よしもとばなな
（中公文庫刊）

出汁への愛、まつげエクステの楽しみ…そんな日常の些細な喜びが集めれた一冊。小さな幸せを見つける視点・感性が学べて、ぽわんとあたたかい気持ちになるはず。

価値観を広げに行く

12 "これは、こういうものだ"というポリシーを価値観と呼ぶならば、自分の価値観を客観的に見るのは簡単ではありません。誰もが自分の価値観に対して主観的なので、不快に感じるものには「あれは、おかしい」と感じてしまうし、思わず批判してしまうこともあります。自分のポリシーがあるのは素敵なことですが、できれば他者の価値観を否定せずに「そういう考え方もあるのか」と、いつだって柔軟な大人でいたいものです。そのためには沢山の価値観に触れるのがいちばんの近道ですが、出会いが限られているのなら、意識して価値観を広げに行かなければ、知らない間に視野は狭くなっているかもしれません。大それた旅に出なくとも、いつもは行かない街の初めての店に入ってみるだけでも十分です。横丁やバーのカウンター席なんかは特に新しい景色を見ることができます。自分とは別の誰かの日常を垣間見て、飛び交う会話から様々な前後の物語を想像したりしていると、自分がこの時代にこの人間として生まれたから今この価値観でいるけれど、隣のこの人に生まれていたら、こう考えていたのかもしれないな、なんて、少し達観して様々な価値観を見つめることができるはずです。

目の前の景色が変わる言葉　　　　　　　　　　　Happy Idea

自分のことを好きになる言葉

8 — August

13

「 えらい、えらい 」

223 / 365

雨の日に折り畳み傘を持っていたことも、家を出る前に掃除機をかけてきたことも、朝早く起きられたことも、"やってよかった"を目の当たりにした時に、淡々とこなすのではなく「あぁ、えらいなぁ」と自分を褒めてあげる。できて当たり前なんかじゃなくて、本当は頑張ってきた自分を知っているのは、誰よりも自分なのだから。

目の前の景色が変わる言葉　　　　　　　　　　　　　　　　Happy Idea

14
「　もうほぼできているはず　」

9割できていても、自分から見るとまだ半分以上にもなっていないように見えることがあります。実態以上に重く感じる残りの1割は、「大丈夫、もうほぼできているはず」という自分自身の言葉で、ぐっと軽くなるはずです。

15
「　いいこと思いついた　」

この口癖は、子どものようですが、目に見えない"空気"をパッと明るくしてくれます。世紀の発明である必要はありません。「この後、コンビニでアイスを買って帰ろう」とか、「今日はキャンドルナイトにしてみよう」とか、そんなことでいいのです。自分の中にある無邪気な気持ちを"いいこと"だとして世に送り出してあげることが大切です。

知っていると楽しい思考術　Happy Idea

記憶のどの引き出しを開けたの？

16　「エモい」という言葉を日常的に使うかどうかは置いておいても、この言葉を海外の方に説明する立場になったとしたら、なんと説明しますか。数年前から若者を中心に使われるようになった（音楽業界では1980年代から使われていたそうだけれど）この言葉の語源には諸説あって、英語の「emotional」に加えて、古語の「えもいはれぬ」なんてものもあるようです。いずれにしても、言葉にできない感情に名前がついたのだから、説明が簡単でないことは確かです。ただ描写の中にあるイメージにはみな共通点があって、そこには"青春""懐かしさ""刹那的"なんかが含まれています。そう、新しいものに出会った時にこの言葉は登場することがなく、そこには必ず何かしらの"追憶"が存在しているのです。だから、目の前の光景と追憶に通ずるところを見つけた時に、悲しいわけでも嬉しいわけでもなく、時間の経過や、心の成長（あるいは衰退も含めて）を感じてこの表現が出てきます。そして、この言葉の検索列に並んで「夏」が入っているという事実もまた納得。"果てしなく長い休みの中で、沢山の不思議に出会った小学生の夏""コンプレックスやアイデンティティと向き合った中学生の夏""青春や背伸び、自信と不安のはざまを生きた高校生の夏"…。子どもから大人になる過程で、日本の夏は感情を揺さぶられる機会が多いようで、私たちはこの季節になるとエモさを感じるのかもしれません。エモさの源が青春時代で、私たちがみな追憶をなぞっていたとしても、間違いなく新しい夏の思い出はそこに塗り重ねられていきます。だから今、目の前にある夏がいつか追憶になる日に向けて、やっぱり今年もなぞっていけばいいのです。そして今日"エモい"を感じた時に、自分はかつてのどの瞬間の引き出しを開けたのか、少し考えてみると一層楽しめるかもしれません。

価値観の村と、その住民たち

17 小さな頃、「学校で、みんなと話していて気づいたのだけれど…」なんて、気軽に"みんな"を使うと、決まって、母から「みんなって誰？」と問われるのが少し嫌でした。たった3人だって、毎朝一緒に学校に行っている4人組のうち自分以外の3人が言っているなら、もうほぼみんななのです。だけど、クラス40人のうちの3人ならそれは少数でしかなくて、説得できない歯痒さに悩んでいました。大人になった今、大切なのは"濃度"だと思うようになりました。まず40人をセグメントして、自分が1日のうちで必ず会話をする人10名、そのうちランチまでを一緒に食べる機会がある人、などと絞っていくとやっぱり3名の意見は大多数です。必ずしも、価値観の違う人たちを混ぜ込んだ母数で平均値をとって、自分の「こう思う」を薄める必要はないことに気づいたのです。

マスメディアの効力が薄くなり、小さなコミュニティがあちこちで生まれるこの時代において、自身の思想を自覚したい時は、自分を取り囲む環境の中で全体平均をとろうとするよりも、より一層濃度が濃くなるように努めるのが近道かもしれません。

そして、それが3人であろうと、300人であろうと「〜クラブ」と名称をつけるとしたら、なんという名前になるかを考えてみるのも面白いポイントです。その中心には必ず共通する価値観があるはずです。「朝ごはんクラブ」でも「読書クラブ」でもいい、誰に発表しなかったとしても、それを自覚することで、今の自分が好きなことや時間に思想の背景がつき、まるで村のようにコミュニティの輪郭が見えてきます。それと同時に、一緒にピクニックをしたいような、大切にしたい自分だけの"みんな"が見えてくるのです。

心の中の、DVDリスト

18

夜中、ふと目が覚めてしまって寝付けない時は夜が永遠に感じることがあります。そういう時に限って、できなかったことへの後悔や、起きてもいないことへの不安に襲われてしまったりもします。闇には人を孤独にさせる力があります。かといってスマホを触るのは逆効果。過多な情報とブルーライトでますます眠れなくなってしまいます。無理やりに目を閉じて、いつまでも嫌な考えに包まれてしまわないためにも、まるでDVDのように取り出せる、いくつかの"安心できる情景""好きなシーン"リストを持っておくのがおすすめです。小さな頃は学校で嫌なことがあると、決まって家族で行く夏の伊豆旅行の光景を思い出すようにしていました。クマゼミの鳴き声が森から降り注ぐ中、いつも迎えてくれる旅館の女将さん、海に潜って波で遊んで、水着のまま食べるカレーライス、夜の露天風呂、それを具体的に頭に浮かべるとほっとして、自分には別の居場所がちゃんとあることを思い出せるような気がしました。論理的に言語化できるようになった大人にだって、考えただけで安心できたり、自分に自信を持てる瞬間の記憶や情景は必要です。むしろ、その引き出しを増やすために旅をしたり、日々感動を探していると言っても過言ではないかもしれません。今、目を閉じて、小さな頃に嬉しかったことを思い浮かべてみた時、もしかするとその中には今も変わらず自分を安心させてくれるものがあるかもしれません。明るい時間が長く、全体的には前向きな気持ちでいさせてくれる夏のうちに心の中のDVDを整理しておくと、眠れない夜も怖いものではなくなるはずです。

怒りとユーモア

19 自分の意見と別の意見が出た時に、素直に「たしかに、そうかもしれないね」「それ、すごく面白い！」と言える気持ちも、根底ではユーモアがひと役買っています。それは自分以外の視点をちゃんと楽しもうとしているということです。自分が正解だと評価されること以上に、全体が"もっとよくなる"ということを優先するため、ユーモアは常に柔軟性がセットにあるのです。自分より優れた意見があったとしても、それは自分自身への否定ではないという大元の自分に対する自信もまた、ユーモアの心を作ります。

それと対極にあるものは、"完璧主義"かもしれません。社会が不可抗力な流れと他者でできている限り、完璧にこなすということはほぼ不可能が前提にある中で、たったひとつの正解に固執してしまうと、それ以外のものを否定したり、うまくいかず怒りが込み上げてくることがあります。怒りというのは、自分が想定していなかったことが起きた際の、ネガティブな感情の爆発方法の一種。そんな時平穏を願うのであれば、無理やりに笑いを取り入れるのではなく、そもそも自分が想定していたことを把握し、そのはみ出た"想定外"の部分に対して冷静に向き合ってみることで、爆発を根本から鎮火させることができ、やっと心が柔らかくなります。

ドイツの哲学者ニーチェは、「笑いとは、地球上で一番苦しんでいる動物が発明したものである」という言葉を残しています。その動物とは、人間を指します。悩みや誇り、自信に羞恥など、他の動物にはない感情を持っているからこそ、笑いでバランスを取ろうとしているのかもしれません。反対意見は自分への攻撃ではなく、新たな景色を見せてくれるもの。爆発を鎮火させ全体を見つめることで、ユーモアの余裕が生まれてくるはずです。

すぐにできる、切り替えスイッチ　　　　　　　　　　Happy Idea

流れる時間を愛でるために

20

「昔の自分と会話する」

昔読んだ本を取り出して、古いドッグイヤーに出会う
とかつて自分が何に葛藤して、どんなことが響いてい
たのかを知ることができます。一生懸命頑張っていた
な、なんて気持ちとともに、少し大きくなったような
気がします。

すぐにできる、切り替えスイッチ　　　　　　　　Happy Idea

21 「 昼風呂に入る 」

予定のない休日、世間が慌ただしく動いている中で入る中途半端な時間の昼風呂はたまりません。少しの背徳感と優越感の中で極上の入浴剤を使って、音楽をかけて、飲み物を用意して…と、とことん演出してみるのが◎。

8 — August

231-232 / 365

22 「 大胆な花を飾る 」

ホテルのロビーみたいに、大きな花や枝物を飾ってみると突然部屋の顔が変わります。インテリアやアートよりも気軽に変えられて、しっくりくる顔を探せます。

誰かのために準備すること　　　　　　　　　　　　　　Happy Idea

自分の"推しアイテム"を贈る

23　どんな人でも、相手と自分で、見えている景色はまるで違います。「きっと、こう思っているに違いない」と思ったとしても、本当の意味でそれを理解できる日はこないし、どう感じたのか、何を視ているのか、他人の感性は計り知れないものです。そう考えると、贈り物をするのはやっぱり簡単なことではありません。相手の普段の生活や、何に喜びを感じるのか、自分以外の物語を具体的に想像する必要があります。そんな時、迷うことなく「これがある生活は本当に最高…！人にもすすめたい！」と思えるものがあるなら、それは押し付けではなく"好き"のおすそわけになりえます。熱量や偏愛にこそ人柄が出て、コミュニケーションが生まれるはずです。

自分で良いと思っているものを客観的に見るのは簡単ではありませんが、こんな時消えるものは最強です。そして消える偏愛系のおすすめは調味料。ピンポイントで自分が推している調味料は、相手のお料理ライフも楽しくなれば、自分のライフスタイルを知ってもらうきっかけにもなります。お料理がそれなりに好きそう、という方には無難にちょっといい塩やオリーブオイルなんかが良いかもしれませんが、お料理が大好きそうな方には、ヴィネガーや出汁、地方で見つけたその土地特有の変わり種調味料なども喜んでもらえます。まずは自分自身が自分の生活を楽しむために貪欲になってこそ出会える"推しアイテム"。暑い夏は、小さな頃の自由研究のように今の自分のハマりごとを見つけられると楽しいかもしれません。

8 | August

作ると楽しい、季節のレシピ　　　　　　　Delicious & Fun

ハーブとスパイスで、
いつもの料理をアップデート

24

生ハムとバジルの春巻き

具材は生で食べられるものなので、皮に火が通ればOK。
いくらでも食べられてしまいそうな、ワインが進む春巻きです。

材料（10個分）
- 生ハム…5枚
- バジル…5枚程度
- 春巻きの皮…1セット
  （10枚入り）
- シェーブルチーズ…50g
  （カマンベールチーズや
  クリームチーズでもOK）
- 油…適量

1. 生ハムは半分にカットし、バジルは洗って水気を切る。
2. 春巻きの皮に、生ハム、チーズ、バジルの順に具材を置いて巻きあげ、留める。
3. 鍋に油を入れて180℃に熱し、いい色がつくまで揚げれば完成。

Recipe by Ayaka Mitsutoshi

作ると楽しい、季節のレシピ　　　　　　　　　　　　　　Delicious & Fun

25

8 — August

もりもりハーブと牛しゃぶのマリネ

もはや牛しゃぶが見えないほど、
ハーブをどさっとあとのせする爽やかなサラダ。
甘酸っぱいマリネと相性抜群です。

235 / 365

材料（4人分）
- 牛肉（しゃぶしゃぶ用）
  …250g（部位はお好みで）
- パクチー…2束
- 紫玉ねぎ…1/4〜1/2
- チャービル…1パック
- ディル…1パック
- ごま油…大さじ2

【A】
  - ナンプラー…大さじ2
  - レモン汁…大さじ2
  - 砂糖…大さじ2

1. ハーブ類は茎と葉を分ける。パクチーは茎も活用。みじん切りにする。
2. 紫玉ねぎは薄切りにしておく。
3. Aをボウルに入れてよく混ぜ、砂糖が溶けたらごま油を入れて撹拌する。
4. 牛肉は鍋にお湯を沸かし、酒（分量外）を入れてさっと茹でる。
5. 紫玉ねぎ、パクチー、③、牛しゃぶをよく和える。
6. 器に盛ってチャービル、ディルをどっさりとのせて完成。

Recipe by Ayaka Mitsutoshi

作ると楽しい、季節のレシピ　　　　　Delicious & Fun

26

8 ― August

236 / 365

スパイシーなガーリックシュリンプ

スパイスを入れて深みのある味わいに仕上げるガーリックシュリンプ。ピザやパスタ、グラタンの具材にしても◎。

材料（2〜3人分）
- 海老（下処理済み）…中サイズ約 15 尾
- にんじん…1/2 本
- 赤パプリカ…1 個
- すりおろしにんにく…小さじ 1
- 塩・こしょう…少々
- 無塩バター…ひとかけ（約 5g）
- 白ワイン…大さじ 1

【A】
- オリーブオイル…大さじ 3
- パセリ（粉末）…小さじ 1

（以下あれば）
- パプリカパウダー…小さじ 1/2
- ターメリックパウダー…小さじ 1/3
- ジンジャーパウダー…小さじ 1/3

1. 海老は塩・こしょうをまぶして余分な水分を拭き取る。
2. にんじんとパプリカを約 1.5cm 角の乱切りにする。
3. **A** をよく混ぜ合わせ、海老に絡める。
4. フライパンを弱火で熱しバターを入れる。溶けはじめたら②③とにんにく、白ワインを加え、中火で炒める。にんじんに火が通れば完成。

Recipe by Ayako Kunishio

少し先の楽しみを仕込む　　　　　　　　　　　Delicious & Fun

暑い日に冷蔵庫にあると嬉しい、冷たいコーヒー

27 水出しコーヒー

水の中でゆっくり抽出するので、苦味が溶け出しにくく、まろやかで優しい味わいが特徴。暑い夏は麦茶感覚で常に仕込んでおきたいコーヒーです。

材料
・水：500ml
・コーヒー粉：40g
※水 12.5：コーヒー粉 1 の比率がおすすめ。

1. お茶パックにコーヒーの粉（中挽きまたは細挽き）を入れる。
2. 容器に①と水を入れ、冷蔵庫で約8時間冷やしておく。
3. コーヒー粉のパックを取り出して完成。

28 ミルクブリュー

コーヒー粉をミルクに浸けて旨味を引き出すミルクブリューは、優しくて深みのある味わい。牛乳パックにそのまま浸ければ簡単！

材料
・牛乳：1L（使用するのは900ml）
・コーヒー粉：60g

1. お茶パックにコーヒーの粉（中挽きまたは細挽き）を入れる。
2. 1Lパックの牛乳を開けて、100ml別の容器に移す。（溢れるのを防ぐため）
3. ②に①を入れて蓋を閉め、冷蔵庫で5〜7時間冷やしておく。
4. コーヒー粉のパックを取り出して完成。

Recipe by Asami Ino

定番にしたいおやつ　　　　　　　　　　　　　　Delicious & Fun

喫茶店みたいな、懐かしいデザート

29

もっちりコーヒーゼリー

ちょっと硬めのもっちり派なコーヒーゼリー。
バニラアイスをトッピングしたり、
クラッシュしたものを牛乳と混ぜてドリンクにしても◎

材料（2個分）
・インスタントコーヒー
　…大さじ2
・水…400ml
　※こだわり派の方は、お好きなドリップコーヒーを濃いめに淹れたものを400ml準備
・砂糖…大さじ2
・粉ゼラチン…10g
・生クリーム…適量

1. 鍋に水を入れ、沸騰直前で火を止める。
2. インスタントコーヒー、砂糖、粉ゼラチンを入れて混ぜ、溶かす。
3. 容器に入れて、固まるまで冷蔵庫で3、4時間冷やす。
4. 生クリームをかけたら完成。

Recipe by Mayuko Suzuki

定番にしたいおやつ　　　　　　　　　　　　　　　　Delicious & Fun

30

黒ごま豆腐白玉のクリームあんみつ

マーブル模様がかわいらしい白玉で、懐かしの甘味を。
水ではなく豆腐を使うことによって、時間が経ってもモチッと柔らかに。

材料（白玉約20個分）
- 白玉粉…100g
- 絹豆腐…80〜100g
- 砂糖…小さじ1
- 黒すりごま…大さじ1
- トッピング材料（フルーツ缶、アイス、あんこ、黒蜜など）…お好みで

1. ボウルに白玉粉、絹豆腐、砂糖を入れ、耳たぶくらいの硬さになるまで手でこねる。（豆腐によって水分量が違うので、入れる量は適宜調整）
2. ①の半分に黒すりごまを混ぜ込む。
3. 1:1の割合でマーブル状にし、一口大に丸め、押しつぶし、形を整える。
4. 熱湯で茹で、浮き上がってきたら氷水に取り、ザルにあげ、冷やす。
5. トッピングの材料と共に器に盛れば完成。（白玉→フルーツ→あんこ→アイス→黒蜜の順がおすすめ）

Recipe by Mayuko Suzuki

8 — August

240 / 365

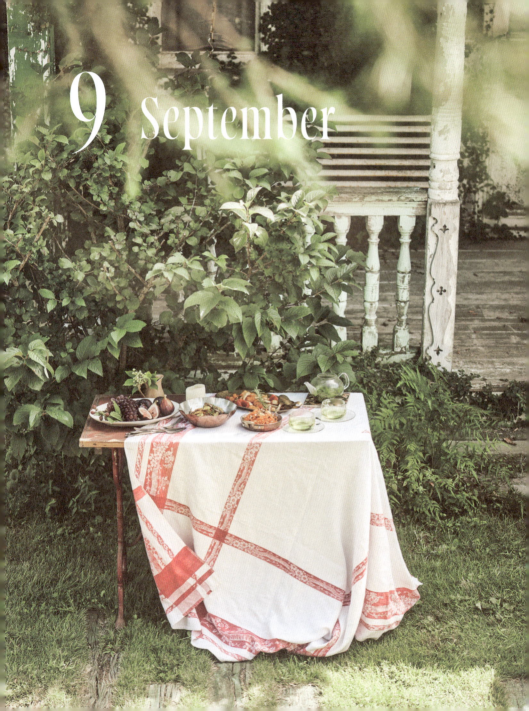

9 September

How to enjoy your picnic
in September

1 街で偶然ずっと会いたかった知り合いを見つけて話しかけたいのに、今日の自分の姿は見せられない…！なんていうのは、やっぱりちょっともったいない。いつだって、ある程度は好きでいられる自分でいたいものです。作り置きをしておくことは、なんだかそれに少し似ている気がします。会いたかった仲間の予定が合った時、はたまた、突然予定のなくなった天気の良い休日など、とんとん拍子に楽しい条件が揃った時に、ある程度いつでも自分をGOできる状態にさせてくれるのです。旬の食材が豊かな9月は、作り置きをしておくことで気持ちと行動力がベースアップされるかもしれません。器を移し替えて、冷やしておいたお気に入りのワインを開ければ即席ピクニック。すでに自分の手元にあったものが輝いていく瞬間は、喜びそのものです。

季節のピクニック　　　　　　　　　　　　Season & Nature

作り置きで、即席ピクニック

2 それぞれに名前があっても、ひとくくりにした時にチーム名を作ると突然まとまるように、それぞれの器をまとめるのに、クロスの存在は効果的です。赤やオレンジのように強い色をテーマカラーにする場合は、クロスはなるべく抑えた色を選び、真鍮や植物を上手に取り入れることで空間の中で原色が浮かずに馴染みます。

3 近年のピクニックにたまに起きてしまうことですが、せっかく準備したのに手がつけづらい"飾り"のようになってしまってはもったいない。いちじくのように中と外の見かけが大きく違うものは、ひとつだけでも断面を見せておくことで、身近な存在になって食欲もそそります。

スモーキーカラーで、秋の準備

4

Zinnia
ジニア

別名は百日草で、もともとは昔ながらの盆花でしたが、近年の品種改良により誕生したアンティークカラーは、お菓子や布でできているのかな…？なんて思うような完成度。「遠い友を思う」の花言葉も素敵。

5

Burnet
ワレモコウ

決して目立つわけではないけれど、忘れてはいけない秋の花。「物思い」「移ろい行く日々」なんて花言葉がついているからか、自然界で見つけたワレモコウが風にそよいでいる様子を眺めていると、哀愁を感じずにはいられません。

6

玄関に飾りたい大きなアレンジ

ジニアとワレモコウを使った大きめなアレンジを玄関に飾れば、すっかり秋の顔。枝垂れ姿が豊饒なムードを醸し出しているアマランサスは、オレンジ色だけでなく濃い葡萄色などもあるので、秋のアレンジにぴったり。

小さな模様替えで、今のムードを表現する

7 部屋で気持ちを表現といっても、洋服のように簡単に衣替えできるわけではありませんが、季節の移り変わりと共に情緒的な気持ちになるのは人間の醍醐味です。それを毎日過ごす場所に少しでも反映できたら、地続きの毎日にもメリハリがつくはずです。引っ越しや大きな家具の購入のように分かりやすく部屋を心機一転できるタイミングがなくても、「ここだけ」という模様替えポイントを作っておくと、気の向くままにアレンジできます。おすすめは手軽かつイメージをがらりと変えてくれるファブリック。クッションカバーなどは何枚持っておいてもかさばらず、集めるのも楽しいアイテムのひとつです。

季節ごとに変えるクッションカバー。春夏はピンクやくすみブルー、秋冬はあえて真っ白にして低い日差しを楽しむのも。

もっと、家を好きになる　　　　　　　　　Season & Nature

8 絵やアートを変えながら楽しむのも、ムードを表現するには効果的。「絵を飾る」と言うと大げさなものをイメージしがちですが、好きなポストカードをクリップに挟んで立てたり、お気に入りの写真を印刷して壁に貼ってみたりするだけだって十分。これを気分や季節に合わせて変えていくだけで、部屋全体のテーマまで変わっていく気がします。

9 — September

248 / 365

季節のカレンダーをポスターのように飾って

海外の絵本や洋書の表紙をアート代わりに

額の中のポストカードやポスターをこまめに交換

自作のアートを壁掛けに

朝の時間の過ごし方　　　　　　　　　Time & Environment

少し早めに棚卸しする朝

9 毎朝当たり前のようにリビングの冷房を入れていたのに、窓を開ければ十分に涼しい風が差し込んでくる朝に、待ち望んでいた秋の訪れを感じます。

大勢で遊んだ後の帰り道のように、賑やかな余韻はあれど少しの孤独と決意に包まれるのがこの季節の特徴かもしれません。同時に、「今年もあっという間だ…！」と、多くの人が騒ぎ始めるのもこの頃から。時間はただ流れているだけで、自分たちで分かりやすいように12ヶ月という節目を決めたというのに、後半が見えると勝手に焦り始めて、人間は客観的に見るとなんだか可愛らしい生き物のようにも感じます。

9月の朝は、1年の後半ムードが漂う前に、新年に書いた抱負や手帳を久々に見直して、"今のところ"を棚卸してみるのに適しているかもしれません。あまりできていなくても、その中には少なからず進んでいるものもあって、今一度頑張りたいことが見えてきたりもします。半年も前に決めた"できていない"を悪いものだとせず仕切り直すことに成功すれば、後半ムードに焦ることなく、ひんやりとしてきた風も楽しめるはずです。

日常の延長線にある旅　　　　　　　　　Time & Environment

暮らしのキーワードを探す旅

10 定期的に自分の今求めている理想のライフスタイルに向き合うことは、旅の目的のひとつでもあります。"森の中"なのか"海のそば"なのか、その他のキーワードに何があるのか。それを探すためにも数日間"暮らし"ができる場所へ旅すると、ヒントが見つかることがあります。朝コーヒーをいれて窓を開けた時に見たい景色、感じたい香り、1日の中で自分が大切にしたい時間も明確になります。

9 — September

250 / 365

何をするわけでもなく、娘と2人で暮らした恩納村のコンドミニアム。

2 家族で暮らした、札幌の森の中にある一軒家での1週間。

眠れぬ夜の過ごし方　　　　　　　　　Time & Environment

15分だけ、自分のための贅沢なケアをしてみる

11 忙しい日々の中、「いつか落ち着いたら…」と先延ばしにしてしまいがちな癒しの時間。でもスマホを触っているうちに気づけば30分経っていた…なんてことがよくあるのだとしたら、自分のために15分集中する時間くらい、実は毎晩作れるはず。マッサージやエステに行けなくたって、自分の手で自分をケアできるようになれば、ゆるがない心と身体が作れます。

疲れた瞳にカモミール温湿布

神経をゆるめ、あらゆる炎症を鎮める効果があるカモミールで即席ホットアイマスクを。

1. カモミールのティーバッグを2個使ってハーブティーを淹れる。
2. 取り出して少し冷まし、ティーバッグが触れるほどの温度になったら絞ってまぶたに当て、2〜3分休む。冷めてきたら外す。ハーブティーに手ぬぐいやミニタオルを浸してから行う方法でもOK。

むくみがとれる、よもぎの足湯

血行を促進するよもぎやローズマリーを加えるとより効果的。香りも楽しめて、冷え性の改善にも◎

1. 水（1〜2L程度）と乾燥よもぎ（大さじ3〜5）を火にかける。沸騰したら弱火にし、5分ほど煮出す。
2. ①を桶に移し替え、水を加え、触ってみて「少し熱い」と感じるくらいの温度に調整。
3. ローズマリーの精油を2〜3滴加え、よくかき混ぜる。
4. 途中で差し湯をしながら、15分ほど足を入浴させる。

Supervised by Nagisa Saito

ひとり時間の楽しみ方　　　　　　　　　　　　　　Time & Environment

"なりきり朝食"に出かける

12 ソロカラオケ、ソロ焼肉、わざわざ"ソロ"をつけて呼称されるものには、前提として"誰かと行くもの、すること"という認識があるようで、少しだけハードルを感じるかもしれませんが、逆にソロをつけることが違和感になるようなもののひとつに朝食があります。人と約束をすること自体がまだ珍しく、多くの人がひとり時間を楽しんでいます。そのせいか、朝食の時間は昼や夜に比べてレストランやカフェも静かでゆっくりとした時間が流れているのも嬉しいポイント。

責任感や義務感でいっぱいになってしまった時、いつもとは少し違う洋服を選び、前日の悩みも明日の予定も、普段は何をしている人なのかも、色々なことを一瞬リセットして何かになりきって朝食に

出かけてみると、なんだか帰り道にはふっと日常を愛しく思えるような気がします。普段の生活圏内はもちろん、国内外の旅先でも使える楽しいひとり遊びのひとつです。

自分をアップデートしたくなる言葉

13 「それは攻撃ではないのかも」

否定的なコメントが自分への批判なのか、誠実なフィードバックなのかを冷静に判断するというのは自分を守るためにも重要です。どちらもこちらが傷つく可能性があるという意味では同じですが、先方の目的は随分と違います。自分の思い通りにしたいだけの批判に振り回されるのはもったいないけれど、フィードバックなら真摯に受け止めて、改善につなげていけるはずです。

目の前の景色が変わる言葉　　　　　　　　　　　　　　　　Happy Idea

14 「安心な場所は、作り続ける」

安心というのは状態であって、場所でも物でもありません。部屋のようにどこかにずっとあるものではなく、作っていくもの。だから自分が何に安心するのかをいつだって把握しながら、時に伝えて工夫して、実感して、作り続けていくものです。

15 「今、何が見える？」

「楽観主義者」は"今"と"未来"がワンセットであるのに対し、「悲観論者」は"過去"と"未来"がワンセットです。楽観主義者は、自分が望んでいる未来の状態を想定して、今現在の自分の行動をそこに向けてマッチさせて未来を作って実感していくのに対し、悲観論者は不安に思う"未来"と、後悔すべき"過去"があるだけで、行動しているはずの"今"はいつも気をもんでいる時間。幸せの実感は間違いなく"今"にあるはずです。

Happy Idea

知っていると楽しい思考術

不機嫌なめがねは、はずしたい

16 小さな頃、書道の授業で好きな4文字を書いて良いと言われた時に、隣の子が「二月三日」と書きました。その日はその子の初めての遊園地記念日だったそうで、いつまでも嬉しそうに作品を眺めていました。こんなふうに、特別な日に向けてカウントダウンしたり、その日を叶えるために努力や準備をしたり…、楽しみにしていた分だけ思い入れは濃くなるもの。毎日が忙殺されるように過ぎていく時こそ、子どもの頃は誰もが持っていた"焦がれる心"が必要かもしれません。そして焦がれるために必要なのは、至ってシンプル。まずは、楽しいものを楽しいと気づくことです。これが、大人には簡単ではありません。「今は忙しいから」「そんなことしている場合では…」と、「どうせ」というマインドで見つめても、ほとんどのことは面白くなりません。とはいえ、突然"楽しめ"と言われてもそれも難しい。そんな時は、まずは不機嫌になってしまった自分の気持ちをリセットするのがおすすめです。 心理学で"コーピングリスト"といわれる、"ごきげんリスト"を作っておくと、花の水を綺麗にするように、自分の心が一度フラットに近づきます。「コーヒーを淹れる」「深呼吸をする」「好きな人の写真を見る」など、自分がごきげんになれれば良いのです。コーピングは、「coping」と表記され、「問題に対処する、対応する」の意。情報化社会の中に生きる私たちは、自分に向けた言葉でなくても知らず知らずのうちに傷ついたり落ち込んだりしながら生きているので、意図せず不機嫌になったりと、悪循環を生み出してしまうこともあります。実際に大きく現実が変わるわけではありませんが、「なんで私、こんなに歪んだ心で見てしまったのだろう」と思った時に静かに対処することで、少しずつ理想の心で物事を見つめて、ちゃんと楽しみにできる自分になっていくはずです。

"忘れたくない"瞬間を忘れないために

17　かつて遠足や運動会の前に先生は必ず「思い出に残る日にしましょう」なんて添えてくれました。悲しいことや悔しいこと、突然の衝撃など、忘れたいのに忘れられないことも人生には沢山ありますが、覚えておきたいと思うものを長く自分の中に記憶しておくためにはどうしたらいいのでしょう。そのためには、"感じる"ことが大切だと思っています。私には、宿泊先のホテルにスピーカーがあると、朝に必ず流す曲があります。結婚式を挙げるために、2週間ほど暮らした海外のコンドミニアムで毎朝聴いていた曲なのですが、それが流れるとなんだかとても嬉しくて。休日の朝は、自宅でも同じようにその曲から1日を始めます。記憶は長期記憶と短期記憶の2種類に分けられますが、感情とセットのほうが長期記憶として残りやすいのだそうです。もちろん忘れたいことはどんどん忘れてもいい、一瞬の感情があったっていい、だけど、今日感じたことが近い将来少しでも力強さになったり、人生を助けてくれる感情になったりするなら、なるべく長期記憶として断片的にでも残しておきたいものです。10数年前のあの2週間、毎朝その曲から朝を始めて、友達や家族とゆっくり式の準備をしながら暮らしたあの日々が大切で、だから、朝の曲を始め、あの時飲んでいたコーヒーの香り、テラスで毎朝飲んだジュースなど、追憶を楽しみながら今も自分の毎日に取り入れているのだと思います。「今」が大切だとよく言いますが、その「今」を作るのは、いつだって過去の記憶と、未来への希望。嬉しかった記憶は、必ずいつかの自分を支えてくれるから。今日の忘れたくないことを、気持ちごと切り取って、いつでも引き出せるよう大切にしまっておくために、「忘れたくない」と思った時には、香りや音をちゃんと感じてみるのがおすすめです。

きっと今は、大きくしゃがんでふくらむ季節

18 花が一斉に咲く季節はもちろん見事で爽快だけれど、葉が時間をかけて色づいていく秋は、深まるという表現が何より似合う気がします。秋に創作意欲が湧いたり、新しい靴が欲しくなるのは、自分も、季節と共に深めていけるような気がするからかもしれません。芽吹いて咲くのが春と夏、こもるのが冬だとしたら、一年で一番大きくなる準備ができるのは秋なのではないでしょうか。そんな秋は、来たる時のために、めいっぱいに膨らんでおきたいものです。ただ、私たちが生きるこの時代は、症例の多様化、顕在化、それから医学や文明の進歩もあり、あらゆる症状に名前がつくようになりました。そのおかげでホッとすることがあるのも事実で、それ自体はいいことなのかもしれません。だけど、思春期や新社会人を終えたかと思えばクォーターライフクライシスに産後クライシス、ミッドライフクライシスなど…、どんな局面にも「危機」や「難局」を意味するクライシスがあまりに多く、名前があることに安心していると、また新たな難局がやってきてしまうのです。私自身「今は踊り場期かもしれない…」なんて、ちょうどよい言葉を見つけたことに安心して、色々なことを他責しそうな時がありました。

あくまでも言葉はそれでしかありません。"どん底"でも"絶望"でも、明日はやっぱりやってくる。そんな時は、〜期だからしょうがない、と諦めるのではなく、"今の自分は、めいっぱいしゃがんでいるのだ"と思うのが◎。止まない雨もなければ、春も必ずやってくる。秋や冬はそのために必要な期間なのです。いつか、「あの時期があってよかった」と思うためには、苦しくても今を少しでも諦めないこと。〜クライシスの言葉に依存せずに「確かに、そういう部分もあるよね」とさらりと使いこなすのがおすすめです。

ユーモアと暮らす　　　　　　　　　　　　　　　　　　Happy Idea

悲しみとユーモア

19　覚えられる知識には限界がありますが、たとえ正確に覚えていなかったとしても、そこに独自の角度で興味を持っておくと、ある時自分の感情を助けてくれることがあります。長崎の田舎町に住んでいた頃、自宅で託児所を運営しているおばあちゃまの元に何度か幼い娘を預けたことがありました。日曜日に仕事が入ってしまった時、他に頼れる場所がなく藁をもすがる思いで電話をかけると「大丈夫ですよ」とふたつ返事をくださる上に、娘が寂しいといけないからと言って、お孫さんを呼んで相手をしてくれました。大きな桜の木の下にプールを出したり、縁側でお弁当を食べさせてくれたりと、優しい時間の流れる託児所でした。

ある時シャッターがずっと閉まっていることがあって、どうしたのかなと気にしていたものの、ついに長い冬を越えてもそのシャッターが開くことはありませんでした。春が来て、庭にある大きな桜の木が花を咲かせた時、心の中にふと浮かんだのが「東風（こち）吹かば　匂ひおこせよ梅の花　あるじなしとて春を忘るな」という、太宰府に流された時に菅原道真が詠んだ歌でした。日常的に短歌を口ずさんでいるわけではありませんが、1000年も前の歌人が、遠いところから自宅の梅の木を思って、「匂いだけは送ってくれよ、私がいなくても春を忘れずに咲くのだよ」と詠んだ心情に興味を持っていたため、ふと思い出されたのかもしれません。おばあちゃまがどうされたのかは最後まで分かりませんでしたが、桜の花がちゃんと咲いているという事実に勝手に励まされ、そしてその花の匂いが主人のもとに届いているような気がして安心したのです。多くの人が残してきた感情や心情にその都度自分なりに興味を持っておくと、いざという時の悲しみをユーモラスに包み込んでそっと助けてくれるはずです。

すぐにできる、切り替えスイッチ　　　　　　　　　　　　　　Happy Idea

今日をもっと愛でるために

9 — September

260-261 / 365

20「おやつを張り切る」

高級なものでなくともわざわざ器に移して飲み物をいれて…と、張り切ってみると、「ながら」で無意識に食べるおやつよりも、食べ過ぎも防げる上に満足感が得られます。

21「お月見の予定を立てる」

お花見は1年のうちの一瞬の時期なのに、案外いつでもできるお月見を楽しまない手はありません。「今夜は月を見よう」と決めて、ワインにおつまみ、音楽までを考えて、準備をしてみるのがおすすめです。

すぐにできる、切り替えスイッチ　　　　　　　　　　　　Happy Idea

9 | September

22

「 1年前の今を感じる 」

262 / 365

ずっと何も変わらないような気がする時は、1年前の"今日"を振り返ってみます。葛藤していることも含めて、ちゃんと進めてきた道のりを愛でることができます。

誰かのために準備すること　　　　　　　　　　　　　　Happy Idea

じわじわと嬉しくなる時間を贈る

23 環境の変化や、新しい挑戦をして頑張っている友人には、長く幸せに使える上質な消耗品を贈るのがおすすめです。家に帰るたびに嬉しくなる少し上質なハンドソープや、眠る前に優しい気持ちになれる香りのボディクリーム、入浴するたびに気持ちが整うバスソルトなど、自分で買うには少しリッチだけれど、あれば毎日のように使えるものは、じわじわと優しいメッセージを届けることができます。

**SHIGETA の
インナーピース
バスソルト**

3種類の香りと効能が全て違い、自分にも定期的に買いたくなるご褒美バスソルト。

**BULLPEN の
オリジナルソープ**

ハンドはもちろんボディにも。すっきりしたハーブとほんのり甘い花の香りに癒されます。

**Officine
Universelle Buly の
化粧水**

薔薇の蒸留水がベースの自然派化粧水。朝の洗顔後、いい香りに包まれて深呼吸したくなります。

9 | September

作ると楽しい、季節のレシピ　　　　　　　　Delicious & Fun

夏疲れに染み渡る、季節の養生ごはん

9 | September

264 / 365

24

カレー香るとうもろこしのスープ

味付けは塩のみで、とうもろこしの甘みをしっかり味わえるスープ。
カレー粉の香りが食欲をそそります。

材料（2人分）
- とうもろこし…1本
- 玉ねぎ…1/2個
- バター…10g
- 水…200ml
- 牛乳…200ml
- 塩…小さじ1/2強
- 生クリーム…大さじ2
- カレー粉…少々

1. とうもろこしの実を削ぎ芯は取っておく。玉ねぎは薄切りにする。
2. 鍋にバターと玉ねぎを入れ、しんなりするまで弱火で炒める。
3. とうもろこしの実、芯、水、塩を加えて、蓋をして10分煮る。（飾り用の実を少し取っておくと◎）
4. 芯をとり、ミキサーやブレンダーで滑らかになるまで攪拌する。
5. 粗熱を取ってから冷蔵庫で冷やし、冷えたら牛乳を加えて混ぜ合わせる。
6. 器に盛り、飾り用に取り分けたとうもろこしの実、生クリーム、カレー粉をかければ完成。

Recipe by Mayuko Suzuki

作ると楽しい、季節のレシピ　　　　　　　　　　　Delicious & Fun

25

9 — September

265 / 365

枝豆とミントのスープ

口に含んだときの、枝豆とミントの香りが爽やかなスープ。
見た目も涼やかなグリーンで夏の終わりにぴったりです。

材料（2人分）
- 茹で枝豆
　…250g（豆だけで135g）
- 玉ねぎ…1/2個
- バター…10g
- 水…200ml
- 牛乳…200ml
- 塩…小さじ1/2強
- ミント…適量
- オリーブオイル…大さじ1
- ブラックペッパー…少々

1. 茹で枝豆をさやから外し、飾りの実を少し取っておく。玉ねぎは薄切りにする。
2. 鍋にバターと玉ねぎを入れ、しんなりするまで弱火で炒める。
3. 茹で枝豆、水、塩を加え、蓋をして10分煮る。
4. ミキサーやブレンダーで、滑らかになるまで撹拌する。
5. 粗熱を取ってから冷蔵庫で冷やし、冷えたら牛乳を加えて混ぜ合わせる。
6. 器に盛り、飾り用に取り分けた茹で枝豆、ミント、オリーブオイル、ブラックペッパーをかけて完成。

Recipe by Mayuko Suzuki

作ると楽しい、季節のレシピ　　　　　　　　　　　　Delicious & Fun

26

9 — September

266 / 365

秋が詰まった、さんまの混ぜごはん

エスニックな味付けが魅力の、大人の混ぜごはん。
トッピングや味付けはお好みで調整を！

材料（2合分）
- 米…2合程度
- さんま…2尾
- にんにく…1片
- 生姜…1かけ
- レーズン…適量
- 松の実…適量
- ケーパー…適量
- レモン…3スライス程度
- 万能ねぎ…適量
- オリーブオイル…適量
- 醤油…小さじ1程度
- ナンプラー…小さじ1程度

1. さんまの頭と太い骨、内臓を取る。（魚屋さんやスーパーの鮮魚売り場にこの工程をお願いするのが◎）
2. さんまを4等分にぶつ切りにして塩をふり（分量外）、フライパンに入れオリーブオイルでカリッと焼く。
3. さんまを取り出し、フライパンをさっとキッチンペーパーで拭く。再度フライパンにオリーブオイルを入れて薄くスライスしたにんにくと生姜を炒め、さんまを合わせる。
4. 松の実、レーズンを足し、火を止めてフライパンの中に醤油、ナンプラーを入れて、炊いたごはんの上に全て乗せる。
5. 細かく切った万能ねぎとケーパー、レモンを散らして完成。

Recipe by Moe Murakami

少し先の楽しみを仕込む　　　　　　　　　　　　Delicious & Fun

寝る前に仕込んでおきたい、大人のコンポート

いちじくのコンポート

シロップが染み込んだいちじくは、ワインにもぴったり。豆乳カスタードを添えてどうぞ。

材料
・いちじく…5、6個
【A】
　・白ワイン…200ml
　・水…200ml
　・砂糖…100g
・レモンスライス…2枚
・バニラビーンズのさや（種を取ったもの）…1本

1. Aを鍋に入れ、砂糖を煮溶かす。
2. いちじく、レモンスライス、バニラビーンズのさやを入れ、弱火で10分ほど煮る。
3. バットに移し、冷やして完成。

豆乳カスタード

部屋が甘い香りに包まれて、幸せに眠りにつくことができるカスタード。パイやタルトにも便利です。

材料
・卵黄…2個　　・豆乳…200ml
・砂糖…30g　　・バニラビーンズの種
・薄力粉…大さじ2　　…1本分

1. 鍋に豆乳、バニラビーンズの種を入れ、沸騰直前まで温める。
2. ボウルに卵黄、砂糖を入れて混ぜ、薄力粉を加えて混ぜ合わせる。
3. ボウルに①を少しずつ加えて混ぜ鍋に戻す。
4. 弱火でとろみがつくまで煮て、クリーム状になったらバットに移す。粗熱が取れたら冷蔵庫で冷やして完成。

Recipe by Mayuko Suzuki

定番にしたいおやつ　　　　　　　　　　　　　　　Delicious & Fun

絵本みたいな、秋のおやつ

29

季節のローストフルーツ

バターを少量散らすとよりリッチな味わいに。
温かいうちにそのまま、またはアイスやヨーグルトを添えて食べても◎

材料（作りやすい量）
- 梨、柿、りんごなど
  好みのフルーツ…刻んだ状態で
  250〜350g 程度
- 砂糖…大さじ1〜1+1/2
- 塩…適量（結晶の大きい塩
  なら小さじ1/4くらい）
- バター…10g程度

下準備
オーブンを180度に予熱する。

1. フルーツを洗い、皮や種を適宜取り除き、大きいものは刻む。りんごなど硬いフルーツは薄めに切る。
2. ①をオーブン使用可の耐熱皿に広げる。
3. 全体に砂糖をふりかけ、塩少々をふる。
4. 小さく切ったバターを散らす。
5. 予熱したオーブンで25〜30分、しっかり焼き色がつき、果物から出た汁がぐつぐつ煮えるくらいまで焼いたら完成。好みでシナモンなどをふっても美味しい。

Recipe by Chika

定番にしたいおやつ   Delicious & Fun

30

ホールのかぼちゃプリン

プリンをホールで作るって、子ども心を思い出すようなわくわく感。
かぼちゃをたっぷり入れて、そのまま食べているかのような濃厚さに仕上げます。

材料（21cm 丸型 1 台分）

- かぼちゃ…320g
- 砂糖(1)…110g
- 牛乳…150cc
- 生クリーム…200cc
- 卵…4 個
- バニラエッセンス…少々

【A】
- 砂糖(2)…大さじ 9
- 水…大さじ 5

下準備

- 型にバターを塗り（分量外）冷蔵庫で冷やしておく。
- かぼちゃを蒸しておく。
- オーブンを 180 度に予熱する。

1. カラメルソースを作る。**A** を小鍋で弱火にかける。とろみがついたら、型を冷蔵庫から取り出して、カラメルソースを型に流し入れ、再び冷やす。
2. 蒸したかぼちゃをうらごしして、残りの材料を全て合わせてミキサーにかける。
3. かたまった①の上に②を流し込む。
4. オーブンの天板に③を置き、型のまわりにお湯（分量外）を入れ、20 〜 30 分蒸し焼きにする。
5. 型から出して冷やし、お好みでハーブを添えたら完成。

Recipe by Moe Murakami

9 — September

1

青い空に思いやりのある太陽、木漏れ日と色づく植物。そよ風なんて吹くと、もうこの世のすべてのような心地よさのある10月は、まさにピクニック日和な日々です。「今日はどこでコーヒーを飲もうかな」という軽やかさで予定を決められると良いかもしれません。どこからともなく漂ってくるキンモクセイと遠くの焚き火の香りに、コーヒーを淹れる時に立ち上る香りが混ざり合うことで、五感が研ぎ澄まされ、気づけばすっかり機嫌が良くなります。いつも、なんだかごきげんな人にただ楽しいことしか起きないわけではありませんが、ぬかるみを歩くと靴が抜けなくなるみたいに、きほんの状態が沈んでいると、色々なことが深いところまで落ちていってしまうことだってあります。だから、こんな些細なコーヒータイムに、今と、ちょっと先の自分のために"ごきげんでいたい"と願ってみるということ。たった10分のピクニックでも気持ちのチューニングができれば、本当は伝えたかった言葉、したかったことを選べるようになるはずです。

10 — October

271 / 365

季節のピクニック　　　　　　　　　　　Season & Nature

お気に入りの場所で、コーヒーピクニック

2　お花見はなにも、春だけの言葉ではありません。むしろ、春のお花見のようにみんなでわいわいと集まって過ごすのとは違い、ひとりお気に入りの場所で"今日のおやつ"を楽しむのだって十分素敵。コスモスや秋バラの見頃に合わせて気軽に出かけるのがおすすめです。

3　クッキーの空き缶をとっておくと、案外便利です。その中にオーブンシートを敷けば、即席おやつBOXの完成。おやつと一緒に、タンブラーにホットコーヒーを入れてバスケットに詰め込んで、お気に入りの場所まで。くまのプーさんのように、広い景色の中にいる自分を俯瞰で見つめると、知らないことがまだまだ沢山あるような気がして、わくわくしてきます。

季節の植物　　　　　　　　　　　　　　　　Season & Nature

いつもの花の、変わり種を楽しむ

4

Autumn Hydrangea
アキイロアジサイ

インテリアにも馴染みやすく、この時期に楽しめるアンティークカラーのアジサイ。スワッグなどにもしやすく、1本で飾ってもよし、ブーケに入れると落ち着いた雰囲気に。花言葉のひとつに「辛抱強い愛情」。

5

Chocolate Cosmos
チョコレートコスモス

なんとほのかにチョコレートのような香りがするシックな色のコスモス。色は濃いものの、小ぶりなのでアレンジにも使いやすく締めキャラに！花言葉のひとつに「移り変わらぬ気持ち」。

10 ― October

274-276 ／ 365

6

**グリーンランナーで
ホームパーティー**

ユーカリやオリーブなど、水気の少ない枝ものをテーブルの中心に縦一列に並べていくと完成するグリーンランナー。布は高価なものを買わずとも生地屋で気に入った布を購入し、細長くなるように手で割けば切れ端に小慣れ感が出て◎。

もっと、家を好きになる　　　　　　　　　　　　Season & Nature

眠るのが楽しみになる寝室を作る

7 煌々と照らす昼白色（真っ白で、大きなオフィスによく使われている色）の灯りの下だと、なんだかまだ残業しているようなONモードになるけれど、優しい暖色の間接照明の下だと、ハーブティー片手に好きな本をめくりたくなるほど、気持ちを変えてくれるのが照明の力。実際、日暮れと共に照明を絞ることで体が「夜」であることを認識し、副交感神経が優位になるという研究結果もあるのです。大きな家具を買うよりも手軽に取り入れられる照明から、ぜひ心地よい空間づくりを。

手軽に取り入れるなら
こんなアイデアも

☐ コンセントタイプの壁掛け照明をフックで吊るす
☐ フェアリーライトをカーテンレールや壁に吊るす
☐ LEDキャンドルをベッドサイドに
☐ LEDテープライトをベッドボード裏に仕込む

もっと、家を好きになる　　　　　　　　　　　　　　　　　Season & Nature

8

昼間は出勤したり出かけたりしていることを考えると、家の中で一番多くの時間を過ごすのは寝室かもしれません。そんな貴重な空間を自分の安心する色にできたら、家での幸福度はきっと上がるはず…！ 壁の色を変えてみる他に、手軽なのはベッドリネンを好みの色に変えること。これなら洋服のように季節や気分に合わせて気軽に空間のイメージチェンジが叶います。

10 — October

278 / 365

照明探しにおすすめSHOP

Flame
奇をてらわず、だけど絶妙なツボを押さえてくれる芦屋の素敵な照明屋さん。

Orne de feuilles
（オルネ ド フォイユ）
丁寧な手仕事のペンダントライトや佇まいの美しいテーブルランプなど心ときめくセレクトが魅力のショップ。

ベッドリネンのおすすめSHOP

ZARA HOME
ベーシックで落ち着いたものから、ファッショナブルな柄物や攻めカラーまで豊富な出会いが楽しい！

Slowdown Studio
「世界中の絵画をブランケットに」をテーマに、アーティーなブランケットが揃うロサンゼルスのブランド。ベッドカバーにすれば部屋の印象がぐっと変わります。

朝の時間の過ごし方　　　　　　　　　　Time & Environment

朝起きた時に最初に触れるもの

9 気が入ると書いて「お気に入り」。自分の気に入ったものを使うことで、良い気に包まれた朝がスタートして、そのまま良い1日が始まります。すべてを変えるのは難しくても、まずは目覚めの1杯を飲むグラスをお気に入りにアップデートしてみるのがおすすめです。しかも、ちゃんと上質なガラスを使うことで、手触りや口当たりから感性が研ぎ澄まされるのだそう。（寝ぼけたままキッチンに行って、洗いカゴに入っていた子どものキャラクターカップで適当に水分補給していた日々ともこれで決別…！）"今日"は確かに昨日の続きだけれど、朝のこの一瞬に"気"を入れることで、ちゃんと毎日を小さくリセットして始められるかもしれません。少しずつ空気が引き締まってきた秋の朝陽の中で、良い朝と良い1日を。

寒い朝はりんご、オレンジ、レモングラス、ミントなどのフルーツ＆ハーブを入れてお湯を注いで耐熱グラスに。ふかふかになってしまったりんごの活用法にも…！

日常の延長線にある旅　　　　　　　　　　　　　Time & Environment

ローカルコミュニティに出会う旅

10 ポスターになるようなお祭りを目掛けて旅に行くのも素敵ですが、その土地に住む方のSNSをフォローしていると、ローカルのイベントに出会えることがあります。何年も続く行事にも始まりは必ずあるわけで、その原石のようなものに出会えると人間の可能性に自信や刺激をもらいます。GOOD NEIGHBORS JAMBOREEは、鹿児島の奥深い森の中にある廃校で行われる「みんなでつくる文化祭」がコンセプトのイベント。木々の間にその時限りのお店が立ち並び、ツリーハウスが茶室になり、夜になると大人も子どももDJに合わせて踊り出し…、夢のように一瞬だけ現れる「村」のよう。こんな時間に出会えるのは、まさに旅の醍醐味です。

10 — October

280 / 365

淡路島の陶芸家の方のギャラリー「樂久登窯」の中庭で開催された、ガーデンパーティー。この島に関わる様々なプロたちが得意を持ち寄って作られる時間の贅沢さ。

眠れぬ夜の過ごし方　　　　　　　　　　　Time & Environment

植物の力で睡眠リズムを整える

11 植物の力を味方に、本来備わっている自然治癒力を高め、心と身体の健康をはかる療法「フィトテラピー」。眠るための環境や習慣を整えることは前提として、いざという時にハーブや花のパワーを借りるという知恵をつけておくと心強いはず。

就寝前に飲みたい
「おやすみハーブティー」

神経系をリラックスさせたり、不安やストレスを和らげる効果のあるハーブのブレンド。ティーポットに以下のハーブを入れて熱湯を注ぎ、5〜10分蒸らしたら完成！

・水：200ml
・ジャーマンカモミール：小さじ1
・オレンジフラワー：小さじ1
・リンデン：小さじ1
※ハーブはすべて乾燥

慢性的な不眠の悩みには
「タンチュメール」を

ハーブをアルコールに漬け込み、有効成分を抽出した液体「タンチュメール」はお守りとして持っておきたい一品。慢性的な寝つきの悪さや熟睡できない悩みには「バレリアン」や「パッションフラワー」がおすすめ。小さじ1杯を白湯に混ぜたり、ハーブティーに混ぜても◎。

Recipe by Nagisa Saito

ひとり時間の楽しみ方　　　　　　　　　Time & Environment

クイックアートで、今のムードを楽しむ

12 予定のない休日に、今日は色々と考え事をしよう！と決めるのは素敵ですが、2005年の米国国立科学財団によると、平均的な人は1日に12,000〜60,000回の思考を行い、なんとそのうちネガティブな思考が80%にもなるのだそう…！放っておくと、ひとりの時の考え事はネガティブな方向に流れていってしまうようです。そんな時は考えながらも手を動かすのがおすすめ。たらしこみアートならインテリアにもなって、絵の具がキャンバスの上をゆっくりと流れていく様子は、心を落ち着かせてくれます。形にならないムードをアートで表現するとスッキリするかもしれません。

10 — October

282 / 365

材料
- 3色以上のアクリル絵の具
- ポーリングメディウム
- 丸型キャンバス
- 割り箸
- 使い捨ての透明コップ

1. 使いたい絵の具を3色以上選び、それぞれ別のコップの中でポーリングメディウムと箸で混ぜ合わせる。比率は絵の具：メディウム＝1:10がおすすめ。2. 未使用のコップの中に [1] を順番に入れて層にしていく。3. ある程度の量になったら、[2] のコップの上にキャンバスを乗せ、逆さまにして垂らしこんでいく。4. キャンバスから絵の具が落ちないようにしながら、まんべんなく広げて模様作りを楽しんで。1〜2日乾かせば完成。

良くないモードの時の言葉

13「その荷物は誰のためのもの？」

抱えているものが重くなりすぎた時、外から見れば手放すのも整理するのも簡単に見えても、両手のサイズは自分だけのものだから自分にしか分かりません。だからこそ、その荷物は誰のためのもの？と時に自分に問うてみてもいいかもしれません。目の前の荷物を責めても何も変わりませんが、自分が前に進めなくなるほどの荷物なら、自分の手でおろせばいいのです。おろしてみると、見張っていた人なんて誰もいなかったことに気づけるはずです。

「その時はまだ、知る由もなかった」 14

行き詰まってつらい時や低空飛行で絶望している時は、まるで映画やドラマのナレーターのように「のちに、あの日々が転機になることを、この時はまだ知る由もなかった」と心の中でナレーションしてみるのがおすすめです。そうすると、突然自分の現状を俯瞰で見ることができて、不思議と物事が良い方向に向かうような気がしてきます。

「たのしいね」 15

シンプルで、大人でも子どもでも気軽に使うことができる言葉ですが、この言葉には、目の前の時間をもっと楽しくさせる力があります。傷つかないように無意識にバリアを張ってしまって、楽しくないふりをしてしまうなんてもったいない。今日から使える優しくて最強の5文字の武器、"たのしいね"。

選べない時こそ、ルールメイキング

16

「自由」と言われた時に思い浮かべるもの。南国のプールサイドで寝転んでいるところ、羽根が生えたようにあちこちで遊び回っているところ、行き先を決めずに旅しているところ…？私たちは、ひたすらに自由を追い求めているように見えて、意外とその自由像に縛られているのかもしれません。たとえば先も見えないほど長いロングテーブルにビュッフェを並べられて、好きに選んでいいと言われても、到底すべてを見にいくことなんてできなくて「本当はもっと良いものがあったかもしれないのに…」という悔しい思いのままに食事を終えることになってしまいます。SNSはちょっとそれに似ている気がします。先の見えない果てしないビュッフェ。一口かじりながらも、自分にはもっと良い時間の使い方があったかもしれない、もっと美味しいものがあるに違いない、あっちが羨ましいと、いつまでも現状に満足させない意地悪な魔法をかけてきます。沢山の情報に囲まれていることで、選択肢が増えて自由に見える一方で、そこに溺れて自分の手の中にあるものを味わうつもりがないなら、これ以上探し続けてもきっと何も見つからないのかもしれません。だから、他にもあるはずの選択肢が気になって、選べない時こそルールメイキング。今は、健康のために野菜を多めに摂りたい時期、不思議な調味料を研究したい時期、誰かとデザートを分け合いたい時期、そんなふうに大切にしたいことが変わってもいいのです。今在りたい姿を自覚しながら、選ぶことを放棄せずにちゃんと楽しむことができれば、もっと美味しいものがあったかもしれないなんて思う暇もないくらい、今目の前にあるものを味わうことに一生懸命になれるはずです。

"つまんない"の原因はどこ？

17「つまんない！」という言葉は、ちょっと傲慢かもしれません。まるで面白いと言われて買った高いおもちゃがハズレだった時のように、自分は楽しませてもらって当たり前の存在だという気持ちがそこに詰まっているような気がします。

もちろん、私の人生こんなはずじゃない…！と、自分の行動や言動に対して叱咤激励の言葉としてかけるなら良いかもしれませんし、むしろ背が大きく伸びるチャンスにすらなるはずです。だけど、何もしないでこの言葉をつぶやいてしまった時は、自分の人生が随分と他人事（ひとごと）になってしまっている合図かもしれません。私たちはみんな自分の人生の主人公ではありますが、お客様ではありません。自分を楽しませてくれる配役の人は誰1人としていなくて、大勢の主人公同士が日々出会って、そこでたまたま物語が繰り広げられているという、映画だとしたらまったくストーリー展開の想像ができない強烈な物語が、この現実の世界なのかもしれません。

文句を言う相手も返金してくれる相手もいないのなら、自分で面白くしていくしかありません。そんな時は1秒でも不満を言う時間を短くして、「さて、どうしようかな」と考えて、改善してみるのがおすすめです。

窓を全開にして空気を大胆に入れ替えてみる、裸足で庭に出てみる、冷蔵庫にあるリンゴを焼いてバニラアイスを乗せてみる…？どれも、とりとめもないことに見えますが「今をもっと、楽しくしたい」を諦めなければ、いつか着ようと思っていた洋服を突然引っ張り出してくるかもしれないし、ずっと送りそびれていたメールだって、きっと、えいっと送れるようになる。つまんない原因は、だいたい小さなボールになって自分の足元に転がっているのです。

知っていると楽しい思考術　　Happy Idea

腹が立ったら、自分を知るチャンス

18 大人になるにつれて沢山の経験をするから、子どもの時よりも事前に物事が想定できるようになって、穏やかになっていくはずなのに、なぜか腹が立つことがあります。それはきっと、想定と違うことが起きた時。私たちは知らないうちに、傷つかないように予防線を張りながら、色々なことを「次はこう来るに違いない」と予想をしながら暮らしています。だからレストランで、わざわざ下げやすいように端に重ねておいた空皿に気づくこともなく、オーダーを取りに来たウェイターさんが手ぶらで去ってしまった時、エレベーターを最後まで開けてくれている人に自分以外が誰もお礼を言わずに降りて行ってしまった時、嬉しい予想外には感動するくせに、嫌な予想外に腹を立ててしまうのです。そんな時、相手がこれからも関係を紡いでいくであろう大切な人なら言葉を選んで伝えてもいいかもしれません。だけど二度と会うことがなさそうな他人に対して腹を立てて、たとえ心の中だけでも相手に"こうあるべきだったのに"を求めるのは、時間がもったいない。そういう時は、さっさと気持ちを切り替えて、自分の良いところを知るチャンスに変えてしまうのがおすすめです。たとえば、自分はものごとの裏側にある誰かの努力を想像するのが人より得意なのかもしれない、と思えたら、そんな自分を褒めてあげられるかもしれません。それにウェイターさんはスプーンを落とした赤ちゃんの元に急いでいたかもしれないし、エレベーターを先に降りた人は全員、今朝頭が真っ白になるできごとがあったのかもしれません。分かるはずもない他人の思考回路や前後の生活はさておき、これからも付き合っていく自分のことが知れたのは、きっとラッキーなはずなのです。

ユーモアと暮らす　　　　　　　　　　　　　　　　　　Happy Idea

集団とユーモア

19　家や職場の雰囲気が"良い"とか"悪い"に対して、自分が少なからずそこの関係者なのだとすれば、それを批判するよりも自分がその空気にどう関わっているかを考えてみるのがおすすめです。自分は何もしていないのに、空気が悪いと思うのであれば、実はその"何もしていない"ということも空気を作るひとつの要素だということを知ることが重要です。ひとりでも良くしようとしている人がいることが、隣の人を変え、そのまた隣が変わっていき…と、連鎖していきます。誰もが身近な誰かのインフルエンサー、少しのことで良くすることも悪くすることもできるのです。そんな時こそユーモアの出番。一見意味のないように見えることでも、目的が"楽しくなるかどうか"だとすれば、それは意味のあることに変わります。たとえば空気を良くしたいと思って10人いる場所に差し入れを持っていこうとした時、特にエピソードのない10枚入りのクッキーを静かに机の上に置けば「あとで、それぞれ好きな時にいただこう」と、せっかくの差し入れが元々の空気の中に消えてしまうかもしれませんが、それぞれ違うケーキを10種類持って行って、誰かが「おやつタイムにしよう、順番はじゃんけんで決めよう」と言い出せば、突然空気が変わります。たいして食べたそうでもなかった人が、じゃんけんで勝って大喜びしながらモンブランを選んでいたりすると、張り詰めていた空気もフラットになり、また新しい空気を作ることができるはずです。ケーキは例に過ぎませんが、どんよりした空気もほんの3分でも遊び心を取り入れることで大きく変えることができて、そしてそれは関係する人なら誰でも担うことができるのです。

10 — October

289 / 365

すぐにできる、切り替えスイッチ　　　　　　　　　　　　　　　　　　　Happy Idea

奥にある感情を愛でるために

10 — October

20「お風呂の中に潜ってみる」

小さな頃は多くの人がしたであろう、お風呂の中で潜るということ。もちろん自宅でしかできませんが、裸になって温かいお湯の中で目を瞑っていると、"ねばならない"の制限が少しずつ外れていくような気がします。

21「部屋を幸せで包む」

家で長く過ごす日は、長い時間煮込む料理や、オーブンに入れる焼き菓子に取り組むのがおすすめ。現実が追いついていなくても、まずは部屋を包む香りが幸せで充満すれば気持ちも明るくなります。

すぐにできる、切り替えスイッチ　　　　　　　　　　　　　　　　　Happy Idea

22

「 青春漫画を読む 」

現実逃避の一種かもしれませんが、一瞬でも青春が舞台の漫画の世界に没入すると、自分が今何歳でどんな日常を送っているのかが一旦すべて遠のいて、戻ってきた時に俯瞰で"今"を見つめられたりもします。

10 ― October

292 / 365

誰かのために準備すること　　　　　　　　　　　　　　　　　Happy Idea

気に入った本は、自分の分ともう1冊

23　今から会う人の誕生日が近いことに気づいた時や、突然会えることになって何か贈り物をしたい時、急いで気の利いたギフトを探したくてもなかなか見つからないのが世の常です。駅ビルを上から下まで何周もした結果無難なタオルを買ってみたりと、急遽気持ちに比例したギフトを探すのは至難の業…。そんな時のために、気に入った本を少し多めにストックしておくのがおすすめです。ただ、いくらお気に入りでもあまりにメッセージ性の強い本だと、遠回しに何かを伝えたいのかな…？という気持ちにさせてしまうので、誰が読んでも気持ちが温かくなるようなものを選ぶのがポイント。また、お気に入りを押し付けるだけではなく、なぜ相手に読んでほしいと思ったのかをちゃんと伝えることで、普段のスマホのテキストとは違う思いのこもったメッセージが伝わるはずです。"読書の秋"をきっかけに、ちょっと楽しい本の贈り物を。

「あんなに あんなに」
ヨシタケシンスケ
（ポプラ社刊）
お子さんがいる方に贈りたい、全員感涙の絵本。

「おしゃれの教科書」
杉浦さやか
（ブロンズ新社刊）
映画やインテリアが好きな方に贈りたい、大人の絵本。

「深夜の、かけこみ横丁」
村上萌
（カエルム刊）
横丁の中にあるバーで話を聞いてもらったような気持ちになる1冊。

10 | October

作ると楽しい、季節のレシピ　　　　　　　　　　　　　Delicious & Fun

秋の食材と、チーズの素敵な出会い

いちじくとカッテージチーズのピザ

香ばしいチーズとフレッシュなチーズを味わえるピザ。
旬のいちじくとの組み合わせは最高です。

材料（1枚分）
- いちじく…2個
- ピザ生地（食パンでも可）…1枚
- シュレッドチーズ…60g
- カッテージチーズ…30g
- 生ハム…40g
- クレソン（ベビーリーフでも可）…20g
- オリーブオイル…大さじ1
- 塩…少々
- ブラックペッパー…少々

1. いちじくは6等分し、クレソンは根元を切る。
2. ピザ生地にシュレッドチーズをのせ、トースターで焼き色がつくまで6分ほど焼く。
3. クレソン、いちじく、生ハム、カッテージチーズをのせ、オリーブオイル、塩、ブラックペッパーをかければ完成。

Recipe by Mayuko Suzuki

作ると楽しい、季節のレシピ　　　　　　　　Delicious & Fun

10 / October

25

餃子の皮で作るかぼちゃとブルーチーズのラビオリ

甘さのあるかぼちゃと塩気のあるベーコン、
クリーミーなソースの相性は抜群！
手に入りやすい餃子の皮で代用してどうぞ。

材料（2人分）
- かぼちゃ（種を除く）…100g
- ベーコン…5枚
- 餃子の皮…8枚
- はちみつ…大さじ1/2
- 塩胡椒…少々
- ブラックペッパー…少々

【A】
- 生クリーム…100ml
- ブルーチーズ…10g
- 粉チーズ…大さじ1
- 塩…少々

1. かぼちゃの皮を剥き、火が通るまで蒸して潰す。
2. ベーコンを細切りにし、フライパンで焼き色がつくまで炒める。
3. ボウルに①②とはちみつ、塩胡椒を加えて混ぜ合わせる。
4. ③を8等分し、餃子の皮で包む。皮の真ん中にタネを置いたら、皮のまわりに水をつけ、三点をしっかりとくっつけて三角形に整える。
5. 鍋に湯を沸かし、1分ほど茹でる。
6. フライパンに A を入れて熱し、⑤を入れて絡める。
7. 皿に盛り、ブラックペッパーをかければ完成。

Recipe by Mayuko Suzuki

作ると楽しい、季節のレシピ　　　　　　　　　　　Delicious & Fun

26

焼き芋カマンベール

少しずつつまむのが楽しい、こってりおつまみ。
市販の食材で、あっという間に作れるのが嬉しい！

材料
・焼き芋…1〜2個
　（大きさや好みで）
・カマンベールチーズ
　…市販のホール1つ
・ナッツ…大さじ2〜3
・はちみつ…大さじ1

1. 焼き芋は皮を取り除いておく。
2. カマンベールチーズを横半分にスライスする。
3. カマンベールチーズの間に①をスプーンで塗り込むように挟み、上にナッツをのせる。
4. 耐熱皿あるいはアルミホイルに③を載せて、200℃のオーブントースターで5分ほど焼く。
5. はちみつをかければ完成。

Recipe by Ayakan Mitsutoshi

少し先の楽しみを仕込む　　　　　　　　　　　　　Delicious & Fun

料理が楽しくなる、フレーバーソルト

10 — October

297-298 / 365

27 ハーブソルト

シンプルな料理も、風味豊かなハーブソルトがあればごちそうに！使いきれないハーブがある時にもぜひ。

材料
- 塩…50g
- 好みのハーブ（ローズマリー、セージ、タイム、オレガノなど）…30g

1. ハーブを水洗いし、自然乾燥させる。電子レンジやオーブンで加熱し、パラパラとほぐせるくらいにしてもOK。
2. ①をすり鉢でするか、包丁でみじん切りにする。
3. 塩と混ぜたら完成。冷蔵保存で1ヶ月を目安に使う。フライパンで炒って水分を飛ばすとより長持ちする。

28 クミン＆カシューソルト

枝豆、ポテサラなどいつもの料理が一気にエスニックな味わいに！カシューナッツのアクセントはお好みで。

材料
- 塩…30g
- クミンパウダー…10g〜
- カシューナッツ…5粒〜

1. カシューナッツを包丁でみじん切りにする。
2. 塩とクミン、①を混ぜたら完成。冷蔵保存で1ヶ月を目安に使う。フライパンで炒って水分を飛ばすとより長持ちする。

定番にしたいおやつ　　　　　　　　　　　　　　　　Delicious & Fun

心も丸くなる、愛しいシルエットのおやつ

10 — October

29

北欧のクッキー「モカの毛玉」

「モカの毛玉」という可愛らしい名前をもつこのお菓子。
ニットを着たくなる秋の始まりに、温かなラテやミルクティーとぜひ。

材料（約18個分）
- 無塩バター…100g
- グラニュー糖…40g
- マロンペースト…40g
- ラム酒…25ml
- 薄力粉…110g
- 片栗粉…50g
- ココアパウダー…10g

下準備
- バターを室温に戻す。・絞り袋にモンブラン用の口金をつける。（今回は直径1.5cmの口金を使用）・鉄板にオーブンシートを敷く。
- オーブンを180℃に予熱する。

1. ボウルにバターとグラニュー糖を入れ、泡立て器でふわりと白っぽくなるまでよく混ぜる。
2. マロンペーストとラム酒を加え、さらに混ぜる。
3. 薄力粉、片栗粉、ココアパウダーをボウルにふるい入れ、さっくりと混ぜる。
4. 絞り袋に生地を入れ、オーブンの鉄板に少し間隔をあけて絞り出し、手で優しく形を整える。（生地が固くて絞り出しにくい場合は、少しだけ湯煎して生地を緩ませると◎）
5. 180℃のオーブンで12分を目安に焼いたら完成。

Recipe by Chisato Tanaka/Kaori Ozawa

定番にしたいおやつ　　　　　　　　　　　　　　　　　Delicious & Fun

30

10 — October

かぼちゃのまんまる豆腐ドーナツ

ドーナツというとハードルが高いように思いますが、
基本の材料はなんとたった4つ。豆腐を入れて作るので、
もっちりとした食感になって美味しいですよ。

300 / 365

材料（約25個分）
・ホットケーキミックス
　…150g
・かぼちゃ（種、皮ぬきで）
　…100g
・絹豆腐…100g
・グラニュー糖…適量
・油…適量

1. かぼちゃを火が通るまで蒸して潰す。
2. 絹豆腐を入れて、なめらかになるまで混ぜ合わせる。
3. ホットケーキミックスを入れて、ヘラで粉っぽさがなくなるまで混ぜ合わせる。
4. 鍋に油を入れて熱し、ひと口大に丸めた③を、弱めの中火できつね色になるまで揚げる。（手に油をつけながら丸めるとくっつきません。膨らむので、気持ち小さめに丸めると◎）
5. 油を切ったら、ボウルにグラニュー糖を入れて、④を転がしながらまぶせば完成！

Recipe by Mayuko Suzuki

11 November

11
November

1 海外のようにサンクスギビングデーの習慣がなかったとしても、豊かな実りをめいっぱい楽しみたいのが11月。伝統行事や自然を理由に、集いたい仲間との恒例行事を作るチャンスでもあります。いつか振り返った時の"恒例"は今日からだって作ることができるのです。食材が豊かな時こそ、食材や色合いのテーマを決めて持ち寄れば、それぞれが今はまっていることや、個性が光るきっかけにもなります。おなじみのレシピや、季節ごとに挑戦したいDIYなど、お題は同じでも毎年変わっていくのが時の流れ。子どもの日に身長を測って柱に傷をつけずとも、恒例行事があれば時の流れを定点観察することができて、歩んできた道を愛でることができます。畑で集えたら映画のようで素敵ですが、舞台がどこであれ、この時間こそがピクニックそのものです。

実りを楽しむピクニック

2 便利な部屋の中でばかり暮らしていると、自分たちが動物であることを忘れてしまいますが、人間の体は寒くなるにつれて代謝量が増え、寒さに抵抗するための冬じたくとして自然と食欲が湧いてくるようにできています。そんな時は、抗うことなくこの時期に旬を迎える食材をめいっぱい食べることが、ヘルシーでいるための何よりの近道です。

3 シェアファームや、畑の目の前で直売をしてくれる農家さんなど、案外街から近い場所にも畑があるのは日本の良いところ。水分の多い夏野菜とは違って秋野菜は日持ちするものも多いので、収穫したばかりの野菜をバスケットに入れてそのままキッチンに置いておくと、使いながらインテリアにもなって、料理するのがさらに楽しくなるはずです。

季節の植物　　　　　　　　　　　　　　　　Season & Nature

秋の終わりを、色で遊ぶ

11
—
November

4

Pompon Dahlia
ポンポンダリア

その名の通り、ポンポン咲きをするダリアの1種。通常のダリアの圧倒的な存在感よりやや控えめで、通常のものとあわせてアレンジするのもメリハリがあっておすすめ。花言葉のひとつは「華麗」。

5

Rose
バラ

気品溢れる花ですが、くすんだカラーを選べばインテリアにも馴染みます。赤は「あなたを愛しています」ピンクは「感謝」白は「私はあなたにふさわしい」など、色によって持つ意味も違うので知っておくと楽しいかもしれません。

304-306
／
365

6

○○の空瓶が大活躍…！

実はこれ、栄養ドリンクの空き瓶。ラベルが貼ってあると気づきづらいのですが、実は栄養ドリンクの瓶は海外の薬瓶のようで可愛いのです。ラベルを綺麗に剥がして何本かまとめて置けば、簡単な野花でもすっかり秋の空間。

Season & Nature

大事なものは、見えるように飾り、日々使う

7 少しずつ集めている器、年々増えているお気に入りのカップ。扉付きの棚の中に大切にしまっているうちに登場シーンを逃し続け、気づけば使用したのは1,2回…。そんなアイテムはありませんか。大事にしまっているとっておきのアイテムこそ、見える場所に置いて、インテリアとしても日々楽しめると、相棒感が増していきます。思い出して使う頻度が増えるのはもちろん、目にするたびにほっとしたり嬉しい気持ちになったり、日々のモチベーションにもなるはず。

器をプレイスマットとして飾る
キャンドルの受け皿として飾ったり、壁掛けにしてみたり。美しいお皿はアート感覚で使うのも◎。

大きめな器は、アイテム収納にも
いただいた焼き菓子やカップを深鉢に。かごに入れるような感覚で器を使うのもおすすめ。

**フルーツかごとして
テーブルに常備する**
常温で追熟させたいフルーツを置くのにぴったり。殺風景になりがちなテーブルの上も華やかに。

Supervised by Yui Ito

もっと、家を好きになる Season & Nature

8

家の中で1箇所、お気に入りを飾れる小さなステージを作っておくことも、大事なものに日々触れるきっかけになります。キャビネットの上やキッチンの飾り棚、デスクの一部分など小さなスペースでも十分。好きなものを自分のために整えて、心地よい景色を作る。その作業と時間の繰り返しで、暮らしが自分のものになっていくような気がします。

11 — November

308 / 365

バランスのいい高低差を

大きなアイテムを飾る時は、間をつなぐアイテムを入れたり、壁飾りでバランスをとると◎

**ばらけた印象にならないために
グルーピングして飾る**

細々したアイテムは、トレーやマットに並べるとまとまったインテリアに見えます。

朝の時間の過ごし方　　　　　Time & Environment

ロールキャベツが迎えてくれる朝

9　日の出がどんどん遅くなるこの季節。今日は早起きして頑張ろうと思っていても、起きてもまだ暗いので、気づけばソファでうたた寝してしまったりと、なかなか1日が始まりません。札幌の冬は、少し料理をすると全部の窓が白く曇り、その奥には赤や黄色に色づきだした葉っぱの色が綺麗に見えて、雪景色になる前に楽しめる一瞬の美しい季節でした。昔から映画でもドラマでも、朝起きた時に台所から味噌汁のネギを切る音が聴こえる描写は、誰かが自分のために朝ごはんを用意してくれている優しい象徴ですが、ロールキャベツを準備しておけば、同じような気持ちでリビングの扉を開けることができます。鍋を火にかけると、あっという間にぐつぐつ煮込む音と優しい香りが部屋を包み、「あぁ、この季節が大好き」なんて気持ちが満ちていきます。葉が縮れているサボイキャベツを使うと、びっくりするくらい巻くのが簡単で甘くて、それでいて煮崩れる心配もないのでおすすめです。もしこのキャベツに出会ったら、他でもないロールキャベツ日和だと思って煮込んでみてください。

ソーセージを忍ばせておくと、
お宝に出会ったかのように
嬉しい気持ちに。

日常の延長線にある旅 Time & Environment

帰りたい離島に出会う旅

10 島国である日本には、有人離島だけでも 418 の島があります。どこも独自の言い伝えや歴史、お祭り、踊りや食文化があり、離島旅行では現地の方との交流が何より貴重な体験です。何度か訪ねたヨロン島は現地の子ども園にも通って、名札付きのバナナの植樹までさせていただき「また帰りたい」と思う場所のひとつです。旅先で、器など日常で使うものを買って帰るのは旅の醍醐味でもありますが、独特の文化がある離島旅行では、地元の方の料理教室へ行くのもおすすめです。

11 — November

310 / 365

立冬に食べたい冬瓜で作る、びゃーすー（酢の物）は、島のおばあから習った料理のひとつ。冬瓜を縦半分に切って、中をくり抜いて刺身と和えながら、酢や砂糖、唐辛子で味をつけ冬瓜自体を器に使う楽しい料理。

眠れぬ夜の過ごし方　　　　　　　　　　Time & Environment

冷え込む夜は、
寝室をオアシスにしてくれる味方を

11

ひんやりとした布団に入るのが億劫になる、冬の夜。そんな環境で心地よい眠りを待つのは誰だって至難の技です。だからこそ、季節に合わせた工夫が大切。布団にもぐりこむ瞬間からリラックスできるアイテムがあれば、幸せな気持ちで1日を締められるはず。

☑ 湯たんぽ

原始的ですが、手軽でエコで乾燥もせず、改めてその良さを実感するロングセラーアイテム。足元に置いたり、抱きしめるようにしたり、冷えているところをすぐに温めてくれて、ぽかぽか温泉気分で眠れます。

☑ 布団乾燥機

寝る15分前くらいにスイッチを押しておくだけで、ふかふかの温かい布団を作っておいてくれる優れもの。冬の眠りの幸福度がぐっと上がるので、寒がりな方は一度使ってみることを全力でおすすめします…！

☑ サマハンティー

14種類のハーブやスパイスがブレンドされた、アーユルヴェーダのノンカフェインスパイスティー。飲んだ後はすぐ身体が温まるのを実感できるので、冬の必需品！ピリリとスパイシーでほんのり甘い味がクセになります。

ひとり時間の楽しみ方　　　　　　　　　　　　Time & Environment

古いレシピを作ってみる

12　実家の台所などで眠っているレシピ本やメモ書きに出会ったら、思い出としてとっておくだけではなく、作ってみるのがおすすめです。今は、インターネットの普及と同時に数えきれないほどのレシピが世の中に公開されていますが、人から人に語り継ぎながら紡がれてきたレシピには、現代風の斬新な組み合わせなどとはまた違う、優しい発見をもらえます。そこにその人なりのメモ書きなんかが添えてあると、キッチンに立っていた情景が目に浮かぶようです。情報が少なかった時代のレシピにはひと手間かかるものも沢山ありますが、昔の人の過ごした時間や工夫、その先にあったであろう楽しいイベントや独特のカルチャーを想像すると、昔と今がつながって自分の年齢も忘れるような不思議な気持ちになります。もちろん図書館や古本屋さんで見つけることもできます。日に日に寒くなってきて、家の中での創作意欲が湧く11月は、台所で叶う束の間のタイムスリップを。初めて食べたのになんだか懐かしい味に出会えるはずです。

11 — November

目の前の景色が変わる言葉　　　　　　　　　　　　　　　　Happy Idea

行動したくなる言葉

11
—
November

13

「その変化はどんなもの？」

時に変化を受け入れたくない時もあるけれど、自分の決定によって変わっていくことと、自分の力ではどうしようもないことをひとくくりにせず、ちゃんと分別すると楽になります。意識して手放すことで満ちていく気持ちも確かにあって、そこにできた隙間からは遠くの景色も見えるようになるかもしれません。

目の前の景色が変わる言葉 — Happy Idea

14「"そうに違いない"を外してみる」

小さなトゲが気になってしまった後は、身を守るかのように勝手に"そうに違いない"を大きくして、相手の持っているものすべてがトゲのように見えてしまいます。だけど刺さっていると思っていたトゲすら、実はたいして尖っていなかった、なんてことだってあるのです。"そうに違いない"を定期的に外して今を見極めれば、傷つくことも少なくなるかもしれません。

15「きっかけ集め」

「少し気になる、あの店のレトロなプリン」「行ってみたいと思っていた水族館」「憧れホテルの紅葉シーズン」それぞれは小さなことでも、関心あるキーワードをしっかり覚えておくと、ある時同じ時期にぐっと集まって「よし、今行こう…！」と思うから不思議です。きっかけは最初からきっかけなのではなく、そうだと気づける準備が必要なのです。

知っていると楽しい思考術　　　　　　　　　　　　　　　　　　Happy Idea

今日から作れる、いつかの"定番"

16 世間一般のカレンダーにはない、独自的な季節の定番行事があると、新たな季節の訪れは尚更楽しみになります。私の場合も、幼い頃は季節ごとに必ず行く温泉宿や、行事ごとにお参りに行く神社、それから金曜夜に家族みんなで行くレンタルビデオ屋に、日曜日のパン屋さんと、10数年変わらない様々な定番がありました。転勤族の夫と結婚してからは、生まれ育った横浜を出て、神戸、札幌、大阪、長崎、盛岡、と幾度となく引っ越しを繰り返していることもあり、過ごし方の定番がその都度変わってしまうことが多々あります。とはいえ、それなりに短期間で定番を作ってきたので、今も冬になれば札幌のミュンヘンクリスマス市が恋しいし、春になれば大阪城公園に桜を見に行きたくなります。3年間暮らした長崎で、初めて迎えた11月に「牡蠣小屋での朝ごはん」というカルチャーを目の当たりにしたのは衝撃でした。これまでも観光地で牡蠣を沢山食べられる小屋には行ったことがありましたが、冬の週末、長崎の牡蠣小屋はもはや異国。1kg900円の牡蠣を買うと、大人ひとり300円程度で炭火BBQができますが、牡蠣は当然のように焼きつつもフライパンで目玉焼きを焼いてパンを食べる人、餅を焼く人、アサリにネギバターを合わせてお酒を飲む人…と、海辺をひたすらに楽しむ朝食会場なのです。それ以来、バスケットの中に色々なお楽しみを持って会場に通うようになりました。一部の人たちにとっての当たり前の生活の中にすっと紛れ込んで、見よう見まねで自分もそれを楽しむ瞬間はたまりません。今からそこで生まれ育つことはできなくても、楽しいと思うこと、続けたいと思うこと、それに出会えることができれば、いつかの定番は今日からだって作れるはず。そしてそんな定番が、心の拠り所として人生を彩ってくれるのだろうな、なんて思います。

知らなかった景色も、悪くない

17歳を重ねたにもかかわらず、親に強く出てしまうことがある…、という経験がある方は少なくないかもしれません。特に、父と息子、そして母と娘のように同性のほうが顕著です。これは遠い昔、自分が子どもだった時代に絶対的でもあった「お父さん」とか「お母さん」とか、そういう像に対して"いつまでもこうあってほしい"という理想があるにもかかわらず、自分がそこに近づき、ある意味で共感し、同時に弱い部分や矛盾が見えてしまったりすることで、無意識的にかつての理想を求めて、悲しかったり腹が立ってしまうということが多いようです。
でも、何かが想像と違ったというのは寂しいことではありません。想像を超えた時に初めて知る、誰かの気持ち、知らなかった景色。そしてそれを経ることで新しい想像ができるようになるはずです。歳を重ねると涙もろくなるのは、反対側の景色まで想像できるようになったから。そうやって、想像の範囲が広がった先に生まれるものが、優しい気持ちです。
生きていると、こんなこと知りたくなかったと思うものに出会わざるをえないことも沢山ありますが、きっと振り子のように、同じ分だけの自分の中にある新しい優しさに出会えるはずです。
強く出てしまったり、腹が立ってしまった自分の深層心理に向き合うことができれば、知らなかった景色を知ったからこそ選べる言葉が必ずあります。
コーヒーにパクチー、沈黙の時間、それから親の弱さに、自分の中にある知らなかった気持ち…。それらを知りながら、自分の気持ちも含めて愛でていくということこそが、大人になる醍醐味でもあるのかもしれません。

"理解"は努力で叶う

18 以前あるご夫婦への取材で「ゆっくりする」という言葉について、旦那さんは「10分程度」だと解釈されているのに対して、奥様のほうは「3日程度」だという話を聞きました。ずっと一緒にいる2人だって、これだけ価値観が違うのです。

そこを擦り合わせてさえいれば「あなたにとっては、そうだものね。じゃあ今回はどうゆっくりしようか?」と間を取れるようなことも、確認をしないことによって、取り返しのつかないような揉め事に発展することだってあるのだから、人間は複雑です。作家の遠藤周作さんの『生き上手 死に上手』(文春文庫刊)という本の中に、「どんな人も自分の人生では主役であるが、他者の人生にとっては脇役である。」という一節があります。遠藤さんは奥様に対して色々と思うことがあった時に、この世紀の発見のような視点に気づき、理解しようと努められるようになった、というものでした。

あらゆる人間関係の中で、大切な人であるにもかかわらず相手の言動や行動の理解に苦しみ、批判したくなったり不満を言いたくなることもありますが、そんな時に大事なのは、どうせ価値観が違うと諦めるのではなく、「相手はどうしてそう思ったのか」という、相手が主役として生きている物語を想像して、理解しようとしてみるという、あと一歩の歩み寄りなのかもしれません。「共感」はできなくても「理解する」ということは努力で叶います。

「理解する」は英語で「understand」、under(下に) stand(立つ)と分解され、「下に立つ」となります。相手を理解するというのは上から目線で相手を観察し批判することではなく、相手の下に立って、相手の物語に敬意をもち、そちらの視点を受け止めようとしてみることなのかもしれません。

ユーモアと暮らす　　　　　　　　　　　　　　　　　　Happy Idea

迷いとユーモア

19　「これからどうしたらいいのだろう」と選択をする前に悩むことや、「これでよかったのかな」と選択をした後に悩むこと、人間はみな悩むことが趣味なのかなと思うほど常に悩んでいます。同時にいくつもの人生を歩むことはできないので、見え隠れするその他の選択を断ちひとつに決めなくてはいけないことに、多少なりともストレスがあるのは当然です。ただ、横に広がるその他の道を選べないのは事実ですが、自分が作っている一本の道を過去、現在、未来と行き来することは可能です。

過去の選択を「あの時、あれを選んでよかった」と振り返ることは、現在の自分が安心してアクセルを踏む潤滑剤やガソリンになります。生きていると、後悔が大きく清算できていないこともありますが、何をしたって過去は変えられません。だとしたら、「あれがあるから、今この気持ちに出会えた」とガソリンに変えることが今日の運転をスムーズにしてくれます。

そして、未来の自分は時折タイムスリップに使えます。20年後の自分が今ここにタイムスリップしてきたら何を思い、何をアドバイスしてくれるのだろう、と想像してみるのです。まだ娘が幼かった頃、飛行機や新幹線の移動中に仕事をしようとしてもタイミング悪く抱っこ紐の中で起きてしまうことが多々ありました。そんな時にタイムスリップ術を使うと、胸の中で娘がこちらを見て笑っていることがどれだけ尊いかに気づけるのです。20年後の私は、きっと大金を出してでもこの一瞬に戻りたいと願うだろうな、と知りながらその時間を過ごせているのは幸運なこと。他人の人生にはなれないけれど、自分の人生の前後を行き来しながら、迷いや葛藤をユーモラスにとらえれば、今日の運転はもっと楽しくなるはずです。

すぐにできる、切り替えスイッチ

Happy Idea

自分の選択を愛でるために

11 ― November

20

「綺麗な葉っぱを集める」

320 / 365

公園で落ち葉を集めるのも楽しいけれど、色づいた柿の葉っぱが綺麗なお宅の方に話しかけると、「よかったらどうぞ」なんて言っていただけることがあります。刺身を買って酢飯を作れば、自宅で柿の葉寿司が完成します。

すぐにできる、切り替えスイッチ　　　　　　　　　　　　Happy Idea

21「昔の写真を振り返る」

小さな頃の自分の写真を見ると、自分だけが知っている、変わらないものに気づけるはずです。その中に大切にしたいものがあれば、今の何かを削ぎ落としてでも、それを磨くのが良いかもしれません。

11 — November

22「お気に入りを可愛がる」

器や椅子、これまでの人生で少しずつ集めてきたコレクションや愛用品を並べてひたすらに可愛がりなおしてみる。それぞれとの出会いや当時の自分自身の感情を思い返してしみじみしていると、今ここにいる自分のことも、目の前に流れている時間のことも、今一度好きになれるはずです。

321-322 / 365

未来の自分と、大切な人のために綴る

23 「インサイド・ヘッド」という映画は、頭の中にある司令部が舞台で、日々の感情や大切な記憶がそれぞれカラフルなボールとなって頭の中に残っていく話です。人生のボールは美しいものばかりではありませんが、悲しみの記憶も含めて人柄を作っているのだということが、アニメーションを通してよく分かります。映画では司令部に住む感情のキャラクターたちが、臨機応変に記憶のボールを取り出して気持ちをコントロールしてくれますが、実生活でそれをするのは自分自身。だとしたら、自分の機嫌が良くなったり、歩んできた人生を尊く思えるような大切なボールは、いつでも取り出せるよう、かたまりにしておくのがおすすめです。感情が揺れ動いた時にちゃんと気持ちを綴っておくと、数年経った後、自分やそれを読む大切な人にとって、何よりの贈り物になるかもしれません。

11 | November

作ると楽しい、季節のレシピ　　　　　　　　　Delicious & Fun

寒い朝も起きるのが楽しみになる、
あたたかな一皿

11 — November

24

324 / 365

チーズとベーコンのミルク粥

優しい味わいながら、チーズやベーコンの旨味が詰まったミルク粥。豆乳で作るのもおすすめです。

材料（1人分）
- ごはん…軽く1杯
- 玉ねぎ…1/4個
- ベーコン…20g
- 牛乳…150ml
- コンソメ…小さじ1/4程度
- バター…5g
- 粉チーズ…適量
- ブラックペッパー…少々
- オリーブオイル…適量

1. 玉ねぎはみじん切り、ベーコンは5mm幅に切りこんがりと焼いておく。
2. 鍋にオリーブオイルをひき、玉ねぎをしんなりするまで炒める。
3. 牛乳、コンソメを加えて温まったら、ごはん、バターを加えてひと煮立ちさせる。
4. 皿に盛り、ベーコンをのせ、粉チーズ、ブラックペッパー、オリーブオイルをかける。

Recipe by Mayuko Suzuki

作ると楽しい、季節のレシピ　　　　　　　　　　　　　　　Delicious & Fun

25

11 — November

2色のさつまいもの味噌ポタージュ

優しい黄色と紫のバイカラーがかわいいポタージュ。
白味噌がいい仕事をしてくれます。

材料

- さつまいも…150g
- 紫芋…150g
- 玉ねぎ…1/4個
- バター…30g
- チキンブイヨン…2g
- 水…300ml
- 牛乳…300ml
- 白味噌…10g
- 塩…適量
- ナツメグ…適量
- 黒胡椒…適量
- オリーブオイル…適量

1. さつまいもは皮を剥き、紫芋は皮付きのまま、それぞれ1cm幅に切り水にさらす。玉ねぎは薄切りにする。
2. 鍋にバター10gを入れて弱火で熱し、玉ねぎを炒める。透き通ってきたら、玉ねぎを2つの鍋に、半量ずつに分ける。片方の鍋にはさつまいも、もう片方の鍋には紫芋を入れ、残りのバター20gをそれぞれの鍋に半量ずつ加えて炒め合わせる。
3. 全体に油が回ったら、チキンブイヨンと水をそれぞれの鍋に半量ずつ加える。沸騰したら弱火にし、10分間煮る。
4. ③をそれぞれハンドブレンダーやミキサーで撹拌する。
5. さつまいものスープ（黄色）には牛乳と白味噌を加え、お好みで塩で味を整える。紫芋のスープ（紫色）は塩で味を整える。
6. 沸騰直前まで温めて、先にさつまいものスープを器に盛る。そこに紫芋のスープを静かに流し入れ、ナツメグと黒胡椒を散らし、オリーブオイルを回しかけたら完成。

Recipe by Chisato Maruyama

作ると楽しい、季節のレシピ　　　　　　　　Delicious & Fun

26

11 — November

326 / 365

贅沢焼きりんご

ナイフとフォークでリンゴを食べる、幸せなレシピ！
家中がいい香りで包まれます。

材料（1個分）
・りんご…1個
・バター…10g
・レーズン…適量
・シナモンパウダー…適量
・きび糖…少々
・バニラアイス（あれば）
・グラノーラ（あれば）

1. オーブンを180℃に予熱しておく。
2. ナイフや小さなスプーンでりんごの芯をくり抜く。
3. くり抜いた部分にバター、レーズン、シナモンパウダー、きび糖を入れる。
4. オーブンで様子を見ながら30～40分焼く。熱々のうちにバニラアイスやグラノーラをのせて完成。

Recipe by Moe Murakami

少し先の楽しみを仕込む　　　　　　　　　Delicious & Fun

アレンジして楽しい、ほろ酔いラムレーズン

28

27

11 — November

327-328 / 365

基本のラムレーズン

材料2つ、一瞬で完成するラムレーズン。使うレーズンはオイルコーティングされていないものを選びましょう。

材料
- レーズン…100g
- ラム酒…100ml

1. 清潔な保存容器にレーズンを入れ、ラムを注ぐ。
2. 一晩冷暗所で寝かせたら完成。

> ホワイトチョコレート＆バターと混ぜてビスケットサンドにしたり、お肉のソースにちょっぴり合わせたりしても美味しい！

ラムレーズンアイス

基本のラムレーズンができたら、もう一つ仕込んでおきたい簡単おやつ。市販のアイスも高級アイス感覚に…！

材料
- 市販のアイス…1個
- 基本のラムレーズン…適量

1. 市販のアイスをボウルに入れてほぐす。
2. ラムレーズンを入れて混ぜ合わせ、冷凍庫で冷やす。
3. 皿に盛り、お好みでナッツを乗せる。レーズンを漬けたラム酒をかけるのもおすすめ。

Recipe by Mayuko Suzuki

定番にしたいおやつ　　　　　　　　　　　　　　Delicious & Fun

お酒にも合う、大人のケーキ

11 — November

29

バスクチーズケーキ

ワインに合わせたくなる濃厚なケーキ。
ちょっぴり塩をかけて食べても美味しいです。

材料
（底が外れる18cmの型 1台分）
- クリームチーズ…400g
- グラニュー糖…120 g
- 薄力粉…25g
- 全卵…3 個分
- 生クリーム…320ml
  （乳脂肪分 45% 以上）

下準備
・オーブンを220度に予熱する。
・オーブンシートをくしゃくしゃにして広げて型に敷いておく。

1. 室温に戻したクリームチーズを大きめのボウルで柔らかくなるまで混ぜる。
2. 薄力粉とグラニュー糖を別のボウルで合わせておく。
3. 全卵と生クリームを別のボウルで混ぜておく。
4. ①のボウルに②を入れて、ダマがなくなるまでよく混ぜる。
5. ③を2〜3回に分けて④に追加し、その都度混ぜる。
6. 生地を型に流し入れ、220度に予熱したオーブンで40分焼く。
   ※大きく膨らむので上段に入れると天井につくので注意。
7. 粗熱が取れたら冷蔵庫に入れ、冷えたら完成。

Recipe by Moe Murakami

定番にしたいおやつ　　　　　　　　　　　　　Delicious & Fun

30

11 — November

チャイティーのパウンドケーキ

スパイスが贅沢に香るケーキ。
刻みレーズンを入れたフロスティングをたっぷりのせてどうぞ。

材料（パウンドケーキ型 1 台分）
- 無塩バター…100g
- きび糖…35g
- 卵…1 個
- 薄力粉…110g
- ベーキングパウダー…小さじ 1
- シナモン…2〜3g
- カルダモン、ナツメグ、クミン…各 1g〜

【A】
- ティーバッグ…2 個
- 水…70g
- 牛乳…20g
- はちみつ…大さじ 1

【B】
- 無塩バター…30g
- 粉砂糖…30g
- クリームチーズ…60g
- レーズン…お好み量（5g くらい）

下準備
- バター、卵、クリームチーズを常温に戻す。
- 型にクッキングシートを敷いておく。
- オーブンを 180 度に予熱する。

1. **A** の材料で紅茶液を作る。ティーバッグと水を小鍋に入れて軽く沸騰させたら、火を消して蓋をし、3 分程蒸らす。牛乳を入れて弱火で 5 分温め、はちみつを溶かし入れて粗熱が取れるまで冷ます。
2. ボウルに常温に戻したバターときび糖を入れて軽く混ぜたら、ハンドミキサーで白くふわっとするまでよく混ぜる。
3. ②によく溶いた卵を 7〜8 回くらいに分けて入れ、その都度よく混ぜる。
4. ふるった薄力粉、ベーキングパウダーとスパイス類を入れて粉っぽさがなくなる程度に混ぜる。
5. ①の紅茶液を加え、全体に馴染むように混ぜたら、パウンドケーキ型に入れて 180 度に予熱したオーブンで 30 分焼く。竹串を刺して中まで焼けていたら OK。
6. パウンドケーキを焼いている間にレーズンを刻み、**B** の材料をすべてよく混ぜておく。
7. 焼き上がり 30 分以上冷ました⑤に⑥を塗ったら完成。

Recipe by Momoyo Nishimura

12. december

1 普段はこなれ感や抜け感で溢れるクールな人が、いそいそとクリスマスの準備を始めている様子を見ると、大人もかつてはみんな子どもだったという当たり前のことを思い出します。12月はやっぱり特別。絵本や映画で見た憧れの欠片を拾い集めて、はりきりたいものです。そしてこの気持ちを盛り上げてくれるのがスパイスの存在。特にシナモンやクローブはまさに冬の香り。部屋中が懐かしく幸せな香りに包まれた時、物語が始まる気がします。12月にピクニックというと寒そうですが、頼りなさげな優しい陽が差す窓辺を楽しんで、午後のおやつを準備できたらそれだけで十分ピクニックな時間。約束をした相手がその日を楽しみにしながらはりきってくれていたら、こちらももっと楽しみになるように、せっかく同じ時間を過ごすならお互いではりきったほうが、良い時間になるはずです。この時ばかりはスパイスを使ったホールのキャロットケーキなんかを焼いてみてもいいかもしれません。

季節のピクニック　　　　　　　　　　　Season & Nature

スパイスに包まれるピクニック

2 高級なワインでなくとも、手頃なものや飲みきれなくて余っていたものが活用できるのがホットワインの良いところ。スパイスを一緒に混ぜることで、身体の中から優しく温まることができる上に、アルコール分が少ないので長い時間ゆっくり楽しむことができます。

3 クリスマスツリーを飾れなかったとしても、机の上に普段とは少し違う枝物を飾るだけでも、この季節を楽しもうという気持ちがぐっと強くなります。ユーカリやコニファーなど、そのままスワッグにもできるような水分の少ない枝ものがおすすめです。この季節特有の浮かれた雰囲気を楽しむためには、まずは自分が嬉しくなる準備をしてみることから…！

季節の植物　　　　　　　　　　　　　　　　Season & Nature

定番はおさえつつも、アレンジを加える

4

Poinsettia

ポインセチア

「祝福する」の花言葉を持つクリスマスの代表的な花。実は色づいた部分が葉で、花は中心にあるのです。赤のイメージがありますが、アプリコットカラーやマーブルなど種類が多いので、定番カラー以外を楽しむのも粋。

5

Mistletoe

ヤドリギ

人に花を贈る時は、花言葉を調べておいた方がいいかも…！と最初に思わせてくれるのがこの花。「私にキスして」という大胆な意味を持っています。たっぷり束ねると素敵。吊るしてスワッグにすれば長く楽しめます。

12 — December

334-336 / 365

6

**フェアリーライトで
ささやかにクリスマス**

大きなツリーを出さなくても、さっと束ねたスワッグにチューブ型のライトを巻き付ければあっという間にクリスマスのムード。ツリーにつけるものよりも小さいフェアリーライトを使えば、ささやかな灯りを楽しめます。

もっと、家を好きになる　　　　　　　　Season & Nature

小さな仕込みで盛り上げる、クリスマススピリット

7　絵本や映画の世界とは裏腹に、ものすごいスピードで進んでいく現実社会に一生懸命で、なんだか乗り切れないまま、いっそのこと私はそんなにクリスマスは得意では…なんて言いたくなってしまいそうになったら、思い出したいクリスマススピリット。一箇所だけでもいいので、密かにホリデー要素を仕込んでみれば、あっという間に気分が高まってくるはずです。

クリスマス映画を BGM にする

できれば毎晩だって観たい、気分を高めてくれるクリスマス映画。『ラブ・アクチュアリー』や『ホーム・アローン』など、楽曲まで魅力的な映画は、BGM 感覚で流しっぱなしにしておいても。

ホットワインを日常にする

1日の終わりに自分のために準備するホットワインは、作る過程から癒されます。お手頃ワインにりんごやシナモン、蜂蜜を適量入れるだけでしみじみ美味しい一杯の完成！

自分だけが分かる
ワンポイントを身につける

クリスマスカラーの靴下を履いてみる、部屋着に雪の結晶の刺繍を施してみるなど、さりげないワンポイントに季節のムードを取り入れるのも大人の楽しみ。

8 毎年やってくるイベントには、恒例行事を作るのも人生を重ねていく醍醐味。以前取材で伺ったとあるご家庭で、ツリーを迎えて30年、毎年ひとつずつオーナメントを増やしているという方がいました。「最初に娘に見立てたオーナメントを飾るのがマイルールなの。二番目に飾るのは、お父さんに見立てたオーナメント。そして次は、1992年にもらった…」なんて具合に、箱いっぱいのクリスマス飾りをすべて語れるくらい、ひとつずつに思い出が詰まっている様子がとても印象的でした。「クリスマスの伝統」なんて言ってしまうと大袈裟かもしれないけれど、そんな気持ちで自分や大切な人との小さな定番行事を積み重ねていけると、毎年この季節がもっと深みのあるものになっていくはずです。

Q. これまでのクリスマスで一番印象に残っている出来事は？

Q. その時、特に楽しかったことや心に残っていることは？

Q. 今年のクリスマス、どんな瞬間を大切にしたい？

Q. 自分や大切な人にとっての定番行事を考えてみましょう。

Time & Environment

予定のない週末は、長い朝時間を堪能する

9 好きな時間に起きて、好きなことをして好きなものを食べられる至福の休日…！こういう時に着替えられる、外行き未満、部屋着以上のお気に入りの服があると、この時間の盛り上がりはさらに増します。以前大変美しい友人から"どうでもいい時に着る洋服"なんて作らなければ、どうでもいい日なんてできないよね」と当然のように言われたことから、予定のない休日を"どうでもいい時の服"で過ごすのをやめるようになりました。さて、そんな日は朝から昼までをめいっぱい"朝時間"だととらえて贅沢に過ごすのがおすすめです。どうでもいい部屋着の時はひっくり返って漫画を読んで、さくっと冷蔵庫の中の残り物で朝ごはんを済ませて気づけば昼過ぎになってしまうのに、ちゃんと着替えると、壊れていたアクセサリーを直したり、マニキュアを塗り直してみたりと、自分をとりまくメンテナンスをすることが心地よい予定になるから不思議です。部屋着は、自分の着心地が良いものが一番ですが、誰に会うわけでもなくともちゃんと自分に似合っていて、鏡を見た時に少し嬉しくなるようなこともポイント。メンテナンスを終えると、土台が整ったかのように前向きな気持ちが生まれて午後の時間も有意義になるはずです。

日常の延長線にある旅　　　　　　　　　　　　Time & Environment

"今だけ"を楽しむ旅

10 春夏秋冬があるということは、本当に贅沢なこと。そして、そのすべての季節を好きになれば、いつだって「次の季節が楽しみ…！」と思えるのだから、こんなに幸せなことはありません。大人になるにつれて春や秋などの、間の季節を好むようになる傾向があるようですが、コントラストの強い夏や冬こそ期間限定の遊びができるチャンス。"今だけ"を目掛けて旅をすれば、忘れかけていた好奇心を思い出せるかもしれません。

冬の時期の北海道に現れる氷の空間。中にはアイスバーも。

奥鬼怒温泉では、憧れの雪見露天風呂で乾杯…！

Time & Environment

眠れぬ夜の過ごし方

寝る前の香りを決めて、入眠儀式に

11

着なくなったTシャツではなくちゃんとパジャマを着ること、暗くした部屋でリラックスできる音楽を聴くことなど、パブロフの犬のように条件反射で眠くなる工夫は積極的に取り入れたいもの。中でも「香り」を味方につけるのは効果絶大。嗅ぐと1.5秒で脳へ信号が届き、自分の意識とは無関係に本能へ働きかけてくれるんだとか。寝ようと思うほど意識してしまって力がうまく抜けない…そんな時にも香りは役立ちます。好みの精油を「眠りの香り」として1本持っておくと、普段使いはもちろん旅先にも気軽に持っていけて心強い味方になってくれるはず。

おすすめの香り

| ラベンダー | 柚子 | ベルガモット |
| Lavender | Yuzu | Bergamot |

ディフューザーがなくてもOK！
マグカップにお湯を入れて数滴
精油を落とすと蒸気とともに香
りが広がります。

ティッシュに垂らして
置いておくだけでも
ふんわり漂う香りに癒されます。

ひとり時間の楽しみ方　　　　　　　　　　　Time & Environment

特集を作ってみる

12 1冊の雑誌を制作するためには、まず大テーマを決めてページを割り振っていきます。伝えたいことに合わせて、1ページで済むものもあれば、8ページに渡って特集するものもあります。自分のこの1年の中で、特集を組みたいと思うできごとはなんですか？しかもその本の読者が、未来の自分と、身近にいる大切な誰かだけだとしたら？他人に見せるために気を遣ったり、背伸びもしていない、自分のための特集を思い浮かべてみてください。SNSでの投稿にはどうしても誰かに"こう思われたい"という欲が入り混じります。人間社会で生きている以上は当然の感情です。だけど他人のそれを見ていると、比較して落ち込むことがあります。他人の夢を勝手に自分が叶えたかったものだと思い込んで落ち込むなんてもったいない。その「取り残されることへの恐れ」を「FOMO」と称することがありますが、対極の言葉に「JOMO＝取り残されることの喜び」があります。後者を感じるためには、自分だけの喜びを把握することが大切です。忙しない年末は、自分誌の編集長になったつもりでこの1年のできごとを特集化して、自分だけの喜びに光を当ててみるといいかもしれません。

目の前の景色が変わる言葉　　　　　　　　　　Happy Idea

誰かのために覚えておきたい言葉

12 — December

343 / 365

13

「大丈夫、
　破壊は終わりじゃない」

破壊と再生はいつだってセットで、その繰り返しで森も都市もカルチャーも、歴史が紡がれてきました。人間関係だって、本来衝突は終わりではなくて、絆をもっと深めてくれるもの。もしそれを望むなら、時間がかかっても再生をする術はあるかもしれません。

目の前の景色が変わる言葉　　　　　　　　　　　　　　　　Happy Idea

14
「"ここでの自分が好き"は尊い気持ち」

居心地の良い関係、予定が近づくと胸が高まる相手、余韻が嬉しいコミュニティ、様々な感情がありますが、「ここでの自分が好き」だと思える場所があるのは幸せなこと。よく聞く「みんなに好かれる必要なんてない」という格言を、自分自身で実感できるはずです。

15
「それきっと、次の週末にはできるよ」

今日できることは大抵みんな自分で分かっているし、3年後でないとできないことは少し自信をなくさせてしまうかもしれません。だけど「これと、これができているのだから、もうきっと次の週末には叶えられるよ！」という距離感は、誰かの背中を本当に押すことができるはず。自分のためにも、大切な人のためにも、覚えておきたい1.5歩先の距離感です。

12 — December

344-345 / 365

知っていると楽しい思考術　　　　　　　　　　　　　　　　Happy Idea

その色は、どんな色？

16 クリスマスといえば、赤と緑が定番ですが、我が家には小さな頃から定番カラーはありませんでした。ツリーを出す頃になると「今年のクリスマスは、ゴールドと赤にしてみようと思うの」「今年はなんと、ピンクとブラウンです！」といった具合に、業者さんかサンタクロースのごとく大量のオーナメントを所持している母から、その年のテーマカラーが発表され、花や家中の飾りがそのテーマに合わせて飾り付けられていき、私と弟はせっせとそれを手伝うという、その流れだけが定番でした。これに関しては楽しい思い出に過ぎませんが、そこで身についた、新しい季節の訪れに合わせてテーマを設けるという思考が、自分の人生を楽しくしてくれている気がします。マンションをリノベーションする時も「北欧生まれの人が、NYで一目惚れした景色の部屋をリノベするなら…」とか、古い一軒家に住む時も「将来娘が思い出した時に、庭がほとんど家の一部だったと思えるジブリのような暮らしで…」とか、具体的な設定を骨子にすることで様々な選択を軽やかに重ねられた気がします。家のように大きな選択でなくとも、暮らしのテーマを楽しむために、目の前に見える色に自分なりのネーミングをしてみるのもおすすめです。濃い灰色を「ナイトグレー」、派手なピンクを「バービーピンク」など、これまで経験してきた自分なりの言葉で表現してみると、そこには世界観が生まれます。以前、ワンピースの商品開発をさせていただいた際も、4色のカラーリングをピクニックオレンジ、葉山グリーン、ディナーブラック、アイスコーヒーブラウン、などとネーミングすることで、一気にそれぞれに込めた思いを伝えやすいプロダクトになりました。今日まとっている洋服や、目の前にあるものを、既存ではない色で表現してみるというテーマ遊びの第一歩、おすすめです。

今日からできる、妄想ゲーム

17 自分の街や暮らしに否定的になってしまった時、不満を持って憎んでしまうと、そこで終わってしまいますが、「もっとこうだったら楽しいかも…！」という妄想ゲームをしてみると、楽しいアイデアが生まれます。以前、自然豊かな長崎の田舎町に住んでいた頃に、地元の中学校で特別講師をやらせてもらったことがありました。街の魅力を尋ねたところ「この街には何もない」と思っている生徒があまりに多く、外から来た私にとっては素材の宝庫で大好きな街でしたが、生まれ育った思春期の子どもたちがその魅力に気づくのは簡単ではないようでした。だけど、未来を担う彼らがそこを諦めてしまっては、街は終わってしまう。そこで勧めたのがこの妄想ゲームでした。街のあちこちにある閉業してしまったお店の前を素通りするのではなく、「こんな場所になったら楽しそう…！」と描いてみる。実に様々なアイデアが生まれました。「〜みたいだったらいいのに…」と不満に思っていては何も生まれませんが、他の場所を羨ましく思う視点を、参考資料にとらえなおすことができれば、楽しい妄想は止まりません。これは、どこに住む大人だって同じこと。毎日がパッとしないと諦めてしまえばそれまでですが、日常を楽しくする妄想ゲームは今日からだってできます。たとえば自分の中にある「〜みたいな」を叶えるには、食卓なら始めやすいかもしれません。物語の中みたいなホールケーキ、トムとジェリーに出てきそうな骨付きのお肉、山小屋の朝ごはんみたいな焼き立てスコーン…！「〜みたいな」は嫉妬ではなく、妄想を具体化する重要なヒント。それがあれば、器選びやトッピングもますます楽しくなって、妄想が現実になっていくのを感じることができます。特別感を演出したいこの季節だからこそ、妄想を具体的に叶えてみるのがおすすめです。

七日間の中にある本質

18

以前、「妻が願った最期の『七日間』」というタイトルで新聞に投稿されている詩がありました。"神様お願い この病室から抜け出して 七日間の元気な時間をください 一日目には台所に立って 料理をいっぱい作りたい あなたが好きな餃子や肉味噌 カレーもシチューも冷凍しておくわ"から始まるその詩は、家に帰って作りかけのマフラーを完成させたり、愛犬を連れて箱根へドライブに行ったり、子や孫たちの一年分の誕生会をするために11個のケーキやプレゼントを用意すること、友達と女子会でカラオケをすること、集めてきた古布のお片付けも終えて、旦那さんと手をとりあいながら大塚博堂のCDをかけて、長いふたりのお話をして時が来るのを静かに待つ、という最期の日までの大切な七日間の願いが綴られていました。その中には、私たちが日常の中で優先順位を下げてしまうような"いつでもできる"ことが詰まっていました。もっと言えば、そのほとんどが、すぐにできることでもありました。1年の終わり、そして見えてくる新しい年の始まり。反省したり、大志を抱いたりと、とかく気持ちが忙しくなりやすい時期です。自分の今をもっと好きになったり、明日をより良くするために情報を使いこなすのはいいけれど、情報のせいで大切なことに気づけなくなっては元も子もありません。会いたい人も、使いたい時間も、本当に必要なものは案外シンプル。棚卸しや抱負を整理すると同時に、理想の七日間を書き出してみると、その中にこそ、新しく、だけど自分らしいルーティンが見つかるかもしれません。

Happy Idea

ユーモアと暮らす

夢とユーモア

19 シュタイナー教育に「7歳までは夢の中」という考え方があります。この理論では、子どもが7歳になるまでの間、彼らは「夢のような」意識状態にあるとされ、周囲の世界と自分自身をまだ完全に区別できていないと考えられています。つまり子どもはこの時期、外の現実から保護されていて、自分の内にある感覚や想像力のほうがより比重が大きいというのです。だからユニコーンの背中に乗ったと言ったとしても、それは悪気があって嘘をついているのではなく、想像したものが実際に起きたと心から思っている、ということだってありえるのです。

私たちはみんなかつて子どもでしたが、少しずつ夢の中の世界に別れを告げて、必死で現実を生きています。考えてみれば、毎週土曜日はツチノコを探すために友達と野原に出かけていたのに現実の予定で少しずつ忙しくなってしまったし、雲の上を歩けないことにも気づいて、サンタクロースがたったひとりのおじいさんではないということだって知っています。だけど、大人だとしても「もし、あれがこうだったら楽しいのに」という妄想を止めてはユーモアが枯渇してしまいます。世界的な女優オードリー・ヘプバーンは「奇跡を信じない人は現実主義者ではありません」という名言を残していますが、夢のような妄想の先に挑戦や工夫が生まれてそれが現実になる、子どもの頃に培った夢見る力は消えてしまったと嘆くものではなく、今こそ現実を豊かにするために活用するものなのです。オードリーの名言の後に聞くと随分と庶民的ですが、ポテトチップスをドライカレーの上に割り入れてみたり、フルーツヨーグルトを凍らせてみたり、そんな些細な「これがこうなったら、もっと良くなりそうだな」というユーモラスな妄想からだって、十分に奇跡は生まれるはずです。

すぐにできる、切り替えスイッチ　　　　　　　　　　　Happy Idea

歩いてきた道を愛でるために

20
「マイベストを棚卸しする」

何度も思い出す味、行けてよかった場所、嬉しかったこと、マイベストを3つずつでもいいので棚卸ししてみると、目の前の事実は何も変わっていないのに、幸福度が上がります。

すぐにできる、切り替えスイッチ　　　　　　　　　　　　　　　　　　Happy Idea

21
「ドじゃなくソの音で話す」

このあと発する言葉の第一声を、「ド」の音ではなく「ソ」に変えてみると、相手に与える印象も自分自身も楽しくなります。思い返してみると、眠くなってしまう先生の話はいつも「ド」から始まっていたのかもしれません。

22
「キャンドルで過ごす」

今日はキャンドルで過ごそうと決めると、突然食べたいものや着たい部屋着、観たい映画まで変わって、夜の予定が楽しみになります。

誰かのために準備すること　　　　　　　　　　　　　　　　Happy Idea

手紙を書くように、ギフトを詰め合わせてみる

23 ひとつのプレゼントだってもちろん嬉しいものですが、ひとつひとつが選ばれたものの詰め合わせは、まるでお母さんからの仕送りが届いた時のように相手が考えてくれた時間や思考回路が分かって温かい気持ちになります。箱を開けた瞬間から、ある種のコミュニケーションが始まって、もうそれだけで十分に手紙のような存在になることも。これまでの相手との会話でちょっとだけ登場したキーワードや、相手のSNSの流れなんかを見て「きっと、今好きそう！」と思ったものなど、せっかく贈るなら、相手のことを「いつも思ってるよ」ということが伝わるものを詰め合わせられると素敵です。結婚したばかりの友人には、2人がソファに座って映画を見ているような時間を思い浮かべて、ホットワイン、オリーブの新漬け、スパイスをセットにして "MOVIE NIGHT SET" と名付けてみたり。ハードルを上げすぎずとも心と時間に余裕を持って12月を迎えられれば、もう "師走" なんて言わせません。もちろん自分へのプレゼントも忘れずに！

12 | December

作ると楽しい、季節のレシピ　　　　　　　　　　Delicious & Fun

集いの日を彩る、褒められレシピ

24

スペアリブのオレンジジュース煮

お鍋にほったらかしでできてしまうので、実はお手軽！
特別な日に喜ばれる、ジューシーで食べ応え抜群な一品です。

材料
- スペアリブ…1000g
- オレンジジュース…200ml
- 酒…100ml
- 醤油…大さじ3
- 水…600ml
- コンソメブイヨン…2個
- ケチャップ…大さじ4
- オイスターソース…大さじ2
- 砂糖…大さじ2
- はちみつ…大さじ3

1. フライパンに油（分量外）を熱し、スペアリブの全面に焼き色をつける。
2. 鍋の中に肉以外のすべての材料を入れて中火にかける。煮立ったら①を入れて蓋をして中火で煮込む。煮汁が少しとろっとするまで煮詰めたら完成。

Recipe by Moe Murakami

作ると楽しい、季節のレシピ　　Delicious & Fun

25

12 — December

生カリフラワーと生ハムのサラダ

カリフラワーもマッシュルームも生のままでOK！
想像以上に美味しい、リピート必須レシピです。

355 / 365

材料
- カリフラワー…1株
- ブラウンマッシュルーム
  …5個〜
- 玉ねぎ…1/4個
- 生ハム…適量
  （1パックなど使いやすい単位で）
- ピエトロドレッシング
  （和風しょうゆ）…適量
- ディル…1、2本

1. 玉ねぎをみじん切りにして水にさらす。
2. カリフラワーを食べやすい大きさに、マッシュルームを薄く切る。
3. 水を切った①と②を和えて、間に生ハムを入れてからドレッシングをまわしかける。最後にディルを散らす。

Recipe by Moe Murakami

26

春菊とローストビーフのサラダ

市販のローストビーフでも十分ですが、
余裕があれば美味しい牛肉でタタキを作ると◎。
たっぷり作ってもすぐなくなる、やみつきサラダです。

材料
- 春菊…1パック
- 長ネギ…1/2本
- ミント…片手にいっぱいくらい
- ローストビーフ…好きなだけ
- にんにく…1片
- みりん…大さじ1
- 醤油…大さじ3
- 酢…小さじ2
- ごま油…大さじ3
- 白ごま…適量

1. 春菊を食べやすいサイズに切る。長ネギは5cm程度の千切り、ミントは適当にちぎる。にんにくはすりおろす。
2. 小鍋にみりんを入れて煮詰めたら火を止め、醤油、酢、にんにくのすりおろし、ごま油、白ごまを加え、少し冷ましておく。
   ※余裕があれば白ごまはすり潰すとより香りがたって美味しい。
3. ボウルに入れた①にローストビーフを加えて、②をまわしかけて和える。

Recipe by Moe Murakami

少し先の楽しみを仕込む

コーヒー好きのための、パンのお供

カフェモカクリーム

コトコト煮込んで作る贅沢なクリーム。冷やす前に挽いたコーヒー豆を小さじ1程度混ぜても◎。

材料
- 牛乳…500ml ・グラニュー糖…100g
- インスタントコーヒー…5g
- チョコレート…50g

1. 鍋に牛乳、グラニュー糖、インスタントコーヒーを入れて少し混ぜ火にかける。限りなく弱火で加熱する。
2. 時々かき混ぜながら、約1時間煮詰める。とろみがついてきたら火を止める。
3. 湯せんにかけたチョコレートを加えて混ぜ、粗熱が取れたら容器に入れて、冷蔵庫で冷やして完成。

コーヒー香るチョコレートバター

クラッカーやパンと一緒にパーティの手土産にしても喜ばれる一品。混ぜて冷やし固めるだけでできる手軽さも嬉しいポイントです。

材料
- チョコレート…25g
- バター…50g
- インスタントコーヒー…小さじ1

1. チョコレートを刻み、電子レンジで加熱して溶かす。
2. 常温に戻したバターにチョコレートを少しずつ入れ、インスタントコーヒーも加えてひとまとめにする。
3. 冷蔵庫で冷やして完成。

Recipe by Asami Ino

定番にしたいおやつ　　　　　　　　　　　　　　Delicious & Fun

自分で作る、特別なクリスマスケーキ

12 — December

29

ホワイトベリーショートケーキ
雪のように真っ白な2段のショートケーキ。
中身やクリームにこだわる分、スポンジは市販のもので手軽に。

定番にしたいおやつ　　　　　　　　　　　Delicious & Fun

材料（1 台分）
- スポンジ 15cm 型
  （1.5cm スライス）…2 枚
- スポンジ 10cm 型
  （1.5cm スライス）…2 枚
- お好きなベリー類
  （中身用）…適量

【A】
- お好きなベリー類
  （ジャム用）…200g
  ※冷凍ベリーでも OK。
- グラニュー糖…100g
- レモン果汁…10g

【B】
- 水…100g
- グラニュー糖…50g
- キルシュ
  （さくらんぼのリキュール）…5g

【C】
- 生クリーム：400g
- グラニュー糖：70〜80g
- サワークリーム：80g

1. ベリージャムを作る。**A** を鍋に入れて弱火で加熱し、好みのジャムの固さになったら火からおろす。レモン果汁を加え、冷蔵庫でしっかり冷やす。
2. 塗りシロップを作る。耐熱可能な容器に、**B** を入れレンジで温める。(600w40 秒ほど。グラニュー糖が溶けたら OK) 冷蔵庫でしっかり冷やす。
3. クリームを作る。**C** をボウルに入れ泡立てる。サワークリームが入っていると固めに泡立つので、7〜8 分立てで OK。
4. ケーキを組み立てる。スポンジ (10cm) の 1 枚にシロップを塗る。その上にベリージャムを塗り、クリームをのせる。
5. もう 1 枚のスポンジをのせ、パレットで側面・上部に生クリームを塗り、お皿に避けておく。
6. スポンジ (15cm) の 1 枚にシロップを塗り、ジャム、生クリームの順にのせる。ベリー（中身用）を生クリームの上にのせていき、もう 1 枚のスポンジでサンドする。
7. 側面、上部にクリームを塗りデコレーションする。
8. パレット等を使用し、⑦の上に⑤をのせる。
9. 残りのクリームを使用し、絞り口金で " の " の字を描くようにデコレーションすれば完成。

12 — December

Recipe by Risa Shimizu

定番にしたいおやつ　　　Delicious & Fun

30

12 — December

キャロットケーキ

2本もにんじんが入った、少し懐かしい味のキャロットケーキです。

360 / 365

材料（15cm 丸型）
- にんじん…2本
- サラダ油…110cc
- 三温糖(1)…180g
- 卵…2個
- 塩…ひとつまみ
- バニラエッセンス…適量

【A】
- 薄力粉…130g
- 重曹…小さじ1
- シナモンパウダー…適量
- カルダモンパウダー…適量
- 砕いたクルミ…適量

- クリームチーズ…100g
- バター…30g
- 三温糖(2)…50g

下準備
- オーブンを180度に予熱する。
- クリームチーズやバターを室温に戻しておく。

1. にんじんをすりおろす。
2. ボウルにサラダ油、三温糖(1)を入れて泡立て器で混ぜ、卵も追加してまた混ぜる。
3. 塩、バニラエッセンス、①を入れてさらに混ぜる。
4. Aも混ぜてゴムベラでさっくりと混ぜる。
5. 香りのない油（分量外）を型に塗り、④を流し込んで、予熱したオーブンで30〜40分焼く。
5. 焼いている間にフロスティングを作る。クリームチーズ、バターをボウルに入れて、よく混ぜてから三温糖(2)を入れて混ぜる。
6. 焼きあがったケーキが冷めてからフロスティングを塗り、最後にクルミを散らしてできあがり。冷やしておくとさらに美味しい。

Recipe by Moe Murakami

NEXTWEEKEND

My Picnic Journal

365 days & 365 ideas

「季節と自然」「時間と環境」
「うれしいアイデア」
「おいしくて、楽しいもの」

本書は、いつでも身近にある題材をテーマに
360のアイデアを綴ってきました。

最後の5つは、
それぞれの中にある心の中の"ピクニック"に
向き合います。

見たいと願っている景色は、
案外近くにあるかもしれません。

1 Season & Nature

季節と自然

Q. 今、身近に感じる季節の変化は何ですか？

Q. 季節の花や植物で最近目に留まったものは何ですか？

Q. 自然の中で、一番心が落ち着く場所の特徴は何ですか？

Q. 小さい頃の季節の思い出で、心に残っているものは何ですか？

Q. 今の季節に自分だけの特別なルーティンを作るとしたら、何をしますか？

2 Time & Environment

時間と環境

Q. 朝の時間をもう少し楽しむために、何を加えてみたいですか？

_____

_____

Q. 一日の中で、最もリラックスできる時間はいつですか？

_____

_____

Q. 眠れぬ夜に、心を落ち着けるために準備しておきたいことは何ですか？

_____

_____

Q. 一人の時間をもっと楽しむために試したいことは何ですか？

_____

_____

Q. 「理想の旅」と聞いた時に、思い描くシーンは何ですか？

_____

_____

3 Happy Idea
うれしいアイデア

Q. 最近、目の前の景色が変わった瞬間はどんな時でしたか？

Q. 心を軽くしてくれた「うれしい言葉」は何ですか？

Q. 思い出すと心が温かくなるシーンは何ですか？

Q. 30分以上、好きで話し続けられることは何ですか？

Q. 今日の自分を褒めるなら、なんと褒めますか？

4 Delicious & Fun

おいしくて、楽しいもの

Q. 最近食べたもので、一番幸せを感じたものは何ですか?

Q. 自分への小さなご褒美として食べるなら、どんなものを用意しますか?

Q. いつも楽しんでいる食事に、新しいひねりを加えるとしたら何をしますか?

Q. いつかは作りたいと思っている料理は何ですか?

Q. 「忘れられないあの味」は何ですか?

5 My Picnic

今日は地球最後の日です。
あなたはピクニックをして過ごすことにしました。
その時目の前に広がっていてほしい景色について
考えてみてください。

Q. そこはどんな場所？

Q. そこで一緒に過ごしたいのは誰？

Q. どんなことをして過ごしたい？

"美しい景色を探すな。
　景色の中に美しいものを見つけるんだ"

−ゴッホ（Vincent Willem van Gogh）

おわりに

この本を最後まで読んでいただきありがとうございました。

ドキドキするようなクライマックスや、大どんでん返しのようなオチはなかったかもしれません。だけど、My Picnic Journal で沢山の質問に答えて見えたものが、もし案外身近にあるようなもので構成されていたとしたら、それは何よりのどんでん返しかもしれません。登らなければいけないと思っている山頂で待っている景色の身近さに気づくことが、今目の前にあるものを愛でる"ピクニック思考"の始まりです。

小さな頃、私は大きな庭がある祖母の古い家で毎週末を過ごし、季節と天気を理由に沢山の好奇心とともに育ちました。大きくなって自信を打ち砕かれることがあっても、秘密基地の中で食べた野いちごの美味しさを知っていることが、誰かと比べる必要もない自分だけの楽しさのような気がして、何も持っていない自分のことも信じることができました。

その原体験とともに「いつか」と思っていることを先延ばしにせず、次の週末には叶えていく、ということを NEXTWEEKEND というメディアを通して提案してきました。そして、そこに寄せられた 2000 件以上のお悩みのお便りを拝見する中で、ひとつ分かったことは多くの人がいつも正解を探しているということでした。どこかにあるはずの正解を探しながら、誰かに「それが正解だよ」と言ってもらうことを求め、登るべき山を探しています。

だけど、正解が楽しいかどうかは別問題です。

秘密基地で野いちごを食べるように、自分が楽しい時間のために選び、そして「やっぱりよかったな」とか「次はあっちに行ってみよう」とか、次の一歩を見つけて進んでいく、唯一"正解"があるとしたら、そうやって自分で選んで味わっていくこと、そのものなのだと思います。

毎日やってくる日常を、どんな気持ちで生きていくのか。その心がけが大切だ、ということをどれだけ言われても、「そうは言っても…」という真面目なツッコミがあるのが人間なので、これでもかというほどに365の小さなTIPSを詰め込みました。
言葉で理解をする以上に、「ふふ、こんなことでよかったのか」「結構楽しいな」と実感することが、何よりの近道です。

どれだけ平穏を願っていても、生きている限りはこの先もきっと色々なことが起きます。
そんな中でも、「さて、どうしようかな」と周りを見つめて、自分なりの楽しみ方を考える力、"ピクニック思考"は、どんな暗闇にも、小さな光を灯してくれるはずです。

それぞれの場所で様々なピクニックが作られていきますように。

季節の香り、木漏れ日、嬉しい言葉、
好きなものが並ぶ器を前に、
昼寝ときどき読みかけの本。
欲しかったものの少なさに気づく、
満ち足りた時間。

Life is a Picnic.

村上 萌　Moe Murakami
株式会社ガルテン CEO/NEXTWEEKEND 代表

横浜市出身。大学卒業後ガルテンを設立。人の心を動かす距離感として大切にしていた 1.5 歩先の提案コンセプトを軸に、様々なプロジェクトのコミュニケーションデザインを手がける。自社事業として、ライフスタイルメディア「NEXTWEEKEND」の主宰、大切な家族に向けて綴る 1 冊のノート「KazokugotoNote」など。2022 年には出身地である横浜市に 1000 坪の庭 COMMON FIELD をプロデュースし、敷地内にて "Life is a Picnic!" をコンセプトとした「GARTEN COFFEE」を運営。著書に『カスタマイズ・エブリデイ』（マガジンハウス）、『深夜の、かけこみ横丁』（カエルム）、『受けつぎごと。』（サンマーク出版）、『週末野心手帳』（ディスカヴァー）など。アスリートである夫の結婚を機に神戸・札幌・大阪・長崎と移動しつつ、2024 年より盛岡との 2 拠点生活を送っている。Instagram ＠ moemurakami_

NEXTWEEKEND
村上萌が主宰する、「季節の楽しみと小さな工夫で、理想の生活を叶える」をコンセプトにしたライフスタイルメディア。Instagram ＠ nextweekend_jp

Life is a Picnic

ピクニックするように人生を自由に楽しくカスタマイズする365日

発行日　2024年10月18日　第1刷
　　　　2024年12月5日　第5刷

Author	NEXTWEEKEND　村上 萌
Illustrator	SHOGO SEKINE（題字）、栗谷川 玲（本文）
Photographer	角田明子、増田麻耶
Book Designer	荻原佐織（PASSAGE）
Text / Styling	村上 萌、渡邊友美（株式会社ガルテン）
Special Thanks	昼間安代、小松美貴、小久保奈央、村上了太、川島文乃 北川桃子、macoty、Weekender 編集部のみなさま
Publication	株式会社ディスカヴァー・トゥエンティワン 〒102-0093　東京都千代田区平河町2-16-1 平河町森タワー11F TEL　03-3237-8321（代表）03-3237-8345（営業） FAX　03-3237-8323 https://d21.co.jp/
Publisher	谷口奈緒美
Editor	安永姫菜
Proofreader	文字工房燦光
DTP	株式会社 RUHIA
Printing	シナノ印刷株式会社

・定価はカバーに表示してあります。本書の無断転載・複写は、著作権法上での例外を除き禁じられています。インターネット、モバイル等の電子メディアにおける無断転載ならびに第三者によるスキャンやデジタル化もこれに準じます。
・乱丁・落丁本はお取り替えいたしますので、小社「不良品交換係」まで着払いにてお送りください。
・本書へのご意見ご感想は右記からご送信いただけます。https://d21.co.jp/inquiry/
ISBN978-4-7993-3097-5
Life is a Picnic by Moe Murakami ©Moe Murakami, 2024, Printed in Japan.

Discover
あなた任せから、わたし次第へ。
ディスカヴァー・トゥエンティワンからのご案内

本書のご感想をいただいた方に
うれしい特典をお届けします！

特典内容の確認・ご応募はこちらから

https://d21.co.jp/news/event/book-voice/

最後までお読みいただき、ありがとうございます。
本書を通して、何か発見はありましたか？
ぜひ、ご感想をお聞かせください。

いただいたご感想は、著者と編集者が拝読します。

また、ご感想をくださった方には、お得な特典をお届けします。